Acidentalidade viá

Flaudil Alves da Rocha
Ediones da Costa

Acidentalidade viária e Documentação de Acidentes

Importância da documentação de acidentes viários

Novas Edições Acadêmicas

Imprint
Any brand names and product names mentioned in this book are subject to
trademark, brand or patent protection and are trademarks or registered
trademarks of their respective holders. The use of brand names, product
names, common names, trade names, product descriptions etc. even without
a particular marking in this work is in no way to be construed to mean that
such names may be regarded as unrestricted in respect of trademark and
brand protection legislation and could thus be used by anyone.

Cover image: www.ingimage.com

Publisher:
Novas Edições Acadêmicas
is a trademark of
Dodo Books Indian Ocean Ltd., member of the OmniScriptum S.R.L
Publishing group
str. A.Russo 15, of. 61, Chisinau-2068, Republic of Moldova Europe
Printed at: see last page
ISBN: 978-613-9-74386-5

DEDICAT   IA

edicamos st trabalho a D us
familiares e amigos.

AGRADECIMENTOS DE EDIONES COSTA

Primeiramente agradeço ao meu Deus, pai criador que me deu forças e proporcionou mais essa vitória na vida.

A minha esposa Soliane que aceitou me acompanhar nessa caminhada, sendo meu porto seguro conseguindo com apenas uma palavra de motivação me empurrar "morro" acima, aceitando e superando meus momentos de estresses e aflições.

A Minha princesinha Ana Rakally que toda vez me recebe em casa com um sorriso radiante e um chamado de PAPAI que é capaz de derrubar qualquer barreira e amolecer qualquer coração.

Aos meus pais que apesar das dificuldades sempre lutaram para que eu conquistasse o que eles por falta de oportunidade não puderam ter "uma educação", e mesmo a distância sei que torcem pelo meu sucesso. E esse é o primeiro passo para que eu possa lhes retribuir tudo, multiplicado por infinitas vezes.

Aos meus irmãos que junto com esse agradecimento desejo-lhes sucesso e mais uma vez me disponho a ajudá-los em vossas caminhadas.

Aos amigos pra vida que conquistei durante esse período, noites sem dormir, garrafas de café durante as noites de estudos, risos, discussões, reprovações, choro "Fernanda", e caipirinhas. Agradeço a vocês Fernanda, Hugo, Railana, e meu parça de TCC Flaudil.

E por último, mas não menos importante ao professor Marlon que com sua imensurável sabedoria e dedicação aceitou esse desafio de nos orientar nessa última fase do curso, completando seu brilhante trabalho perante a nossa turma.

AGRADE   EN   S DE FLAUD L ALVES

Agradeço primeiramente a   eus que me concedeu saúde e determinação para estar em sala recebendo todo conhecimento dado por eles aos docentes e repassado a min, pois o "Temor do Senhor é princípio da sabedoria".

Não poderia esquecer a minha mãe Adalgiza e meu pai Ângelo por estarem comigo durante essa minha fase importante para min dando apoio integral à min, assim como meus irmãos Antônia, Fábio e Hugo, sei que todo esse conhecimento será importante para minha ida e que eu possa retribuir a todos que de forma direta e indiretamente contribuíram para que isso acontece.

O sentimento de gratidão e companheirismo que tenho pela minha Noi a Jaqueline borges que possui papel importante na minha ida acadêmica, participando dos melhores e piores momentos, estando sempre ao meu lado.

Agradeço também aos meus amigos que conquistei na uni ersidade Fernanda, Hugo, Railana e meu parceiro de TCC Ediones costa. Essas pessoas fizeram parte de di ersas madrugadas de estudos e muito trabalho durante essa fase.

A contribuição do meu Orientador foi importantíssima assim como agregou conhecimento em di ersas matérias ministradas durante o curso, por esse moti o me sinto grato pela sua colaboração Marlon Braga dos Santos, assim concluo meus agradecimentos e peço a eus que capacite cada um para sermos o melhor de nós mesmos a cada dia, buscando sempre o crescimento profissional e tendo eus em primeiro lugar.

RESUM

g nde núme o de eículos e pouco desen ol imento qu lit ti o d s i s no Município de Tucu uí oc sion m os conflitos de t ânsito e consequentemente o g nde núme o de cidentes est p oblemátic sob ec eg de fo m no m l o sistem de s úde públic e segu id de soci l. P inte enção efic z no t ânsito é necessá io busc d dos confiá eis que poss m o ient os gesto es no p ocesso de tom d de decisão e it ndo ssim despe dício de ecu sos fin ncei os e hum nos. p esente t b lho li cident lid de iá i e el bo um p opost de sistem tiz ção d colet de d dos de cidentes de t ânsito oco idos n cid de de Tucu uí-PA busc ndo c cte iz situ ção tu l do município efe ente colet e composição do b nco de d dos existente. P t nto e lizou-se c cte iz ção d cid de e do seu sistem iá io de fo m comp eende su est utu popul cion l m lh iá i e p incip is spectos ge do es de t áfego e conflitos no t ânsito. Após ess c cte iz ção fo m colet dos os d dos junto o ó gão municip l de t ânsito p comp eende fo m de t b lho dest entid de. De posse dos d dos n lisou-se de fo m c ític identific d dos ele ntes nos boletins de oco ênci s e usênci de out s info m ções impo t ntes ssim foi possí el comp eende situ ção tu l d cident lid de no t ânsito no qu l não há um ex tidão qu nto os d dos egist dos f lt ndo spectos ele ntes como c cte iz ção d i e dos pontos ex tos de cidentes situ ção do conduto mbiente e sin liz ção. Foi possí el el cion insuficiênci destes d dos s f lh s no fo mulá io existente. Dest fo m p opôs-se um no o modelo de fo mulá io m is completo e sistêmico p egist o dos cidentes de t ânsito o qu l poss p opo cion um b nco de d dos confiá el e consequentemente um sólid document ção de cidentes tendo em ist que ess document ção é essenci l p um co et e efic z inte enção n o g niz ção do t ânsito.

Palavras-chave: Document ção de cidente; Acidente de t ânsito; Segu nç iá i egist o de cidente.

ABSTRA T

he arge number of vehic s and itt qualitativ d ve opment of the roads in the Municipality of Tucuruí cause the traffic conflicts and consequently the large number of accidents, only in the year 2016 were registered 286 accidents of this kind this problem overloads the health system abnormally public and social security. For effective traffic int rvention, it is necessary to seek reliable data that can guid managers in the decision-making process, thus avoiding wasted financial and human resources. This paper evaluates road accidents and elaborates a proposal to systematiz data collection of traffic accidents in the city of Tucuruí-PA, aiming to characterize the current situation of the municipality regarding the collection and composition of the existing database. For this purpose, the city and its road system were characterized in order to understand its population structure road network and main traffic gen rating aspects and traffic conflicts. After this charact rization, data were collected from the municipal transit authority to understand the way this ntity works. The data was analyzed in order to identify r levant data in the occurrence reports and absence of other important information, so it was possible to understand the current situation of accidental traffic, in which there is no exactness of the data recorded lacking aspects such as characterization of the road and the exact points of accidents, driver's situation, environment and signaling. It was possibl to relate the insufficiency of thes data to the failures in the existing form. In this way, a new model of a more complete and systemic form for recording traffic accidents was proposed, which can provide a reliable database and consequently a solid documentation of accid nts, since this documentation is essential for a correct and effective intervention in the organization of traffic.

Keywords: accident documentation, traffic accident, road safety, accident r cord.

LISTA DE FIGURAS

LISTA DE GRÁFICOS

LISTA E UA S

LISTA DE TABELAS

Sumário

CAPITULO 1 - INTRODUÇÃO

A engenharia de tráfego busca dirimir conflitos que surgem nas vias e buscar métodos de analisá-los a fim de reduzir os acidentes em geral. De acordo com Ferraz (2012) a engenharia de tráfego contempla o sistema de operação de trânsito, a sinalização de trânsito, e a gestão da segurança viária, pois corresponde à parte operacional do sistema de trânsito. Denomina-se conflito de tráfego, em uma visão abrangente, uma interação anormal entre dois veículos, entre um veículo e um ou mais pedestres, ou entre um veículo e um elemento da via (guia, sinal de trânsito, obstáculos etc.).

O desenvolvimento de técnicas de análises de conflitos (TCT's) tem como finalidade analisar a segurança do trânsito em um local e conhecer os fatores de risco que levam a graves conflitos de tráfego e intervir de forma a propor medidas que possam reduzir os conflitos e com isso reduzir também a acidentalidade no trânsito (FERRAZ, 2012).

O elevado número de acidentes rodoviários é uma constante preocupação mundial, de acordo com a Organização Mundial da Saúde (OMS), em 2015, ocorreram cerca de 37.306 mortes decorrentes de acidentes de trânsito no Brasil. No período de 1999 a 2013, a mortalidade no trânsito apresentou elevado crescimento no país, segundo o Ministério da Saúde (2013) no ano de 1999 ocorreram 13 mortes a cada 100 mil habitantes, chegando em 2007 com 17 mortes a cada 100 mil habitantes e em 2013 chegou ao número de 19,5 mortes em 2013, mesmo após mudanças na legislação de trânsito.

Além do elevado número de óbitos, têm-se grandes despesas com as demais consequências dos acidentes de trânsito, pois acabam englobando grandes gastos públicos e particulares dentre os gastos destacam-se as internações, pensões por morte ou invalidez, danos ao patrimônio público e particular. O Instituto de Pesquisa Econômica Aplicada (IPEA, 2016) estima que por ano seja gasto um total de 40 bilhões de reais com acidentes dessa espécie.

Com o aumento da frota de veículos automotores a tendência é essa realidade ficar cada dia pior. Segundo Observatório das Metrópoles (2017), em seu relatório sobre o estado da motorização anual no Brasil, constatou-se que em 2016 a frota estava superior a 61,2 milhões. Este crescimento em 2016 foi impulsionado também pelo crescimento da frota da região Norte, que passou de 562 mil automóveis em 2001 para 2,1 milhões em 2016, representando um crescimento superior a 350%.

Outro fator preocupante é a massificação do uso de motocicletas, veículos que proporcionam menor proteção aos usuários. Entretanto, o aumento do uso de motocicletas está menos concentrado na região Sudeste do País, uma vez que as regiões Norte e Nordeste apresentam maior crescimento na frota desse tipo de veículo. A Região Norte apresentou um crescimento de 641,15% saindo de 276,6 mil para 2,3 milhões de motos entre 2001 e 2016, conforme apontado pelo Observatório das Metrópoles (2017).

Não obstante ao cenário mundial a Cidade de Tucuruí – PA segue com um discreto crescimento demográfico e um crescimento exponencial de sua frota de veículos. Segundo o Instituto Brasileiro de Geografia e Estatística (IBGE), em 2017, a cidade possuía uma população estimada de 110.516 mil habitantes e de acordo com o DENATRAN (2016), Tucuruí possui uma frota total de 29.731 veículos. Portanto, verifica-se a importância de planejamentos e medidas para que se tenha um trânsito seguro e com maior fluidez.

A necessidade de reduzir a acidentalidade no trânsito requer a implementação de técnicas que busque garantir condições de mobilidade urbana ideal, assim o conceito dos 3 E's, referentes à Engenharia, Esforço legal e Educação, destacam-se como linhas de ações para mitigar e prevenir a acidentalidade viária (CAMPOS e JR, 2014). A Engenharia está ligada ao desenvolvimento, manutenção e aprimoramento viário, sinalização, melhoramento nos veículos, desenvolvimento de novas tecnologias para auxiliar os usuários etc. A educação no trânsito se refere a conscientização de todos que participam do sistema de transporte terrestre, bem como a preparação de novos condutores.

Em particular, as medidas do Esforço legal que incluem Legislação, Gestão legal e Documentação de acidentes. A Legislação inclui todas as Leis, normas e portarias criadas e expedidas por órgãos oficiais, como: o Código de Trânsito Brasileiro (CTB), portarias do Departamento Nacional de Trânsito (DENATRAN), resoluções do Conselho Nacional de Trânsito (CONTRAN), entre outras que fomentam um trânsito com maior fluidez e segurança. A Gestão Legal trata da administração, fiscalização e punição daqueles que não cumprem o previsto nas leis de trânsito. Já a documentação de acidentes visa à elaboração de documentos confiável com estatísticas, locais e possíveis causas de acidentes para que possa ser utilizado como base para possíveis intervenções de engenharia.

Neste trabalho será analisada a documentação de forma a construir uma base sistemática, padronizada e confiável de dados que possa servir de ponto inicial para esta e futuras pesquisas, além de contribuir com o município, uma vez que há necessidade de manter fluxo de dados entre a autoridade executiva de trânsito do município e o órgão executivo máximo.

1.1 OBJETIVOS

1.1.1 Objetivo geral

Avaliar a acidentalidade e elaborar proposta de sistematização de coleta de dados de acidentes de trânsito ocorridos na cidade de Tucuruí-PA, a fim de construir um banco de dados confiável para tratamentos estatísticos futuros e definição de ações para reduzir a problemática na cidade.

1.1.2 Objetivos específicos

> Caracterizar a situação atual do município, através da análise da configuração espacial da cidade e crescimento da frota de veículos;

> Realizar o levantamento de dados sobre acidentes viários e conflitos de trânsitos existentes na cidade de Tucuruí, através da análise de bancos de dados dos órgãos de segurança pública;

> Propor a criação de um método unificado de registro de acidentes para todos os órgãos de segurança pública do município de Tucuruí-PA.

2.2 JUSTIFICATIVA

Diante do elevado número de veículos existentes, principalmente em países subdesenvolvidos e da elevada dependência do modal rodoviário o número de acidentes de trânsito tende a aumentar gradativamente, segundo a OMS (2013) os países da baixa e média renda apresentam taxa de mortalidade por lesões no trânsito duas vezes superiores aos dos países de alta renda no mundo. Em virtude da elevada taxa de acidentes de trânsito observada em países subdesenvolvidos, faz-se necessário atentar para a necessidade de pesquisas acadêmicas que possa coletar dados e estabelecer as devidas relações entre eles.

A política econômica adotada pelo Brasil nos últimos anos, mesmo após a promulgação da Lei nº 12587/2012, que instituiu a Política Nacional de Mobilidade Urbana, propiciou a compra de veículos individuais motorizados. Além disso, a insatisfação dos usuários com o transporte coletivo também tem forte contribuição para o aumento da frota de veículos motorizados, em especial a motocicleta, nas regiões Norte e Nordeste, o que gera maior insegurança no trânsito das cidades dessas regiões.

Segundo a (OMS, 2010), os acidentes de trânsito vitimam 3 mil vidas por dia nas estradas brasileiras e a faixa etária que maior contribui para esta estatística está entre 15 a 19 anos, sobrecarregando o sistema de saúde e reduzindo a população economicamente ativa.

Concomitante ao cenário nacional brasileiro, a cidade de Tucuruí vem a cada ano aumentando consideravelmente sua frota de veículos e consequentemente aumentando os conflitos de trânsito, elevando os gastos públicos com esse tipo de sinistro e reduzindo a mobilidade urbana. Logo, deve-se priorizar e fomentar a documentação de acidentes como parâmetro balizador de políticas públicas voltadas à redução de acidentes de trânsito na cidade.

CAPITULO 2 - REFERENCIAL TEÓRICO

Nesse capítulo será apresentada uma breve revisão bibliográfica, sobre a acidentalidade no trânsito e conhecer a influência dos vários fatores que podem causá-los (via, homem, ambiente). O enfoque sobre a fundamental importância das estatísticas geradas a partir da documentação de acidentes terá destaque, pois há necessidade de adoção de medidas efetivas para a melhoria do trânsito diminuindo o número de vítimas e danos materiais.

2.3 ENGENHARIA DE TRÁFEGO

A necessidade de locomoção e trocas de suas mercadorias instigou a sociedade a criar mecanismos para otimizar seu deslocamento, pois a movimentação de pessoas e cargas antes executada exclusivamente a pé, logo passou a ser realizada por meio de carruagens a tração animal, que surgiram em Londres, em 1600, e Paris, em 1612, sendo consideradas os primeiros modos de transporte público urbano (FERRAZ *et al.*, 2004).

O forte crescimento econômico apresentado a partir da Revolução Industrial fez surgir os carros no final do século XIX e a motocicleta em 1839, ocasionando um alto crescimento do uso do transporte individual, fazendo com que as diversas modalidades de transporte coletivo existentes na época fossem menos utilizadas ou até mesmo inutilizadas (FERRAZ *et al.*, 2004).

Com a tendência de priorizar o transporte individual motorizado cresce também os índices de acidentes de trânsito (AT'S) e reduz-se a mobilidade urbana. Segundo estudos realizados pelo IPEA (2016), não há uma sinalização que demonstre a efetiva ação das políticas públicas adotadas no sentido de melhorar a mobilidade urbana, uma vez que os incentivos a fabricação e venda de automóveis prevalecem sobre as medidas usadas para incentivar o uso do transporte coletivo.

Outra importante análise refere-se ao grande crescimento da demanda do setor automobilístico, pois na última década ocorreu um aumento da renda das famílias, principalmente das mais pobres, isto facilitou a aquisição de bens duráveis e aliado a isto houve uma grande expansão do crédito, assim a taxa de motorização aumento significativamente chegando a uma taxa de 54% de domicílios que possuíam automóvel ou motocicleta em 2012. Desta forma, o crescimento do uso individual apresentou grande crescimento em detrimento ao transporte público que em 1990 apresentava 90% da demanda e foi reduzindo até chegar em 25% na contemporaneidade (IPEA, 2016).

No sentido de ordenar o uso maciço dos veículos e fazer com que o trânsito flua com comodidade, segurança e melhorar a mobilidade, a engenharia de trafego e trânsito oferece mecanismo que se utilizados corretamente conduzem a meta desejada, as engenharias de tráfego e de trânsito são empregadas como sinônimo, ambas significando movimento de veículos e pedestres (FERRAZ, 2012).

Engenharia de trafego é o ramo da engenharia que se encarrega do planejamento, projeto geométrico, projetos de segurança e fluidez das vias, objetivando a integração com outros meios de Transportes (DENATRAN, 2016). Nesse contexto, o trânsito se refere ao uso das vias por pessoas, animais, veículos que possam estar em grupos ou trafegando isoladamente, para fins de circulação, assim como as paradas, estacionamentos e operações de carga e descarga. Onde as condições de segurança são um direito de todos e dever dos órgãos ou entidades componentes do sistema nacional de transito, estes órgãos devem procurar medidas para viabilizar as condições ideais de trafego (CTB, 1997).

Uma medida que visa garantir a segurança viária é a sinalização permanente. Esta é composta por placas, painéis, marcação no pavimento e dispositivos auxiliares, estes dispositivos destinam-se a controlar o trafego e orientar seus usuários. Uma vez que a velocidade final dos veículos está em constante mudança acaba dificultando a correta visualização destes dispositivos, outros fatores também influenciam na visibilidade da sinalização, tais como: densidade e tipos de tráfego, complexidade de percursos e manobras em função das características das vias e tipo e intensidade de ocupação lateral da via (DNER, 1999).

A engenharia de tráfego como forma de garantir a segurança viária tem como principais elementos de estudo: sinalização de transito, geometria da via, velocidade de projeto, alinhamento horizontal e vertical e pavimentos.

2.1.1 Sinalização de trânsito

A sinalização de trânsito consiste em um conjunto de elementos que visam organizar o tráfego e classifica-se em vertical, horizontal, semafórica e dispositivos auxiliares, estes melhoram a mobilidade urbana e minimizar a acidentalidade de Trânsito (FERRAZ *et al.*, 2012), o quadro 2.1 demonstra as exigências preconizadas na sinalização de trânsito.

Quadro 2.1 - Obrigações exigidas na sinalização de trânsito.

Legibilidade	Código de trânsito Brasileiro e Legislação Complementar
Suficiência	- Permitir fácil percepção, quantidade de sinalização compatível com a necessidade.
Padronização	- Seguir um padrão legalmente reconhecido, e situações iguais devem - Ser sinalizadas usando os mesmos critérios.
Clareza	- Transmitir mensagens objetivas de fácil compreensão
Precisão e confiabilidade	- Ser preciso e confiável, correspondente a situação existente - Ter credibilidade
Visibilidade e legibilidade	- Ser vista à distância necessária - Ser lida em tempo hábil.
Manutenção e conservação	- Estar permanentemente limpa, conservada, fixada e visível.

Fonte: DENATRAN (2007).

Por compreender que a implementação da sinalização vertical, horizontal e semafórica estão presentes na grande maioria dos municípios e que sua utilização reduz o número de conflitos de trânsito, melhora a mobilidade urbana e reduz o número de acidentes o presente trabalho analisará estes itens.

2.1.1.1 Sinalização vertical

A sinalização vertical é estabelecida placas, painéis e dispositivos auxiliares que devem ficar fixos na vertical obedecendo a ângulos que proporcionem boa visibilidade ao condutor (DENATRAN, 2007), conforme a figura 2.1. Esta sinalização é classificada em sinalização de advertência, sinalização de regulamentação e sinalização de indicação.

8

Figura 2.1 - Deflexão na Pista.

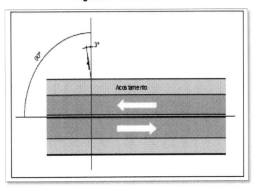

Fonte: CONTRAN (2004).

2.1.1.2 Sinalização de regulamentação

A forma padrão da sinalização de regulamentação é a circular e cor vermelha, preta e branca e tem por finalidade notificar os usuários sobre as restrições, proibições e obrigações que governam o uso da via (DENATRAN, 2007), conforme a figura 2.2.

Figura 2.2 - Caracterização dos sinais de Regulamentação.

Forma		Cor	
		Fundo	Branca
		Símbolo	Preta
		Tarja	Vermelha
		Orla	Vermelha
OBRIGAÇÃO/ RESTRIÇÃO	PROIBIÇÃO	Letras	Preta

Fonte: CONTRAN (2004).

As dimensões dos sinais variam de acordo de acordo com as características da via, a percepção e entendimento das mensagens passadas pela sinalização está diretamente relacionada a velocidade de operação da via, assim como a existência ou não de acostamento (DNER, 1999), conforme a figura 2.3.

9

Figura 2.3 - Posicionamento sem Acostamento.

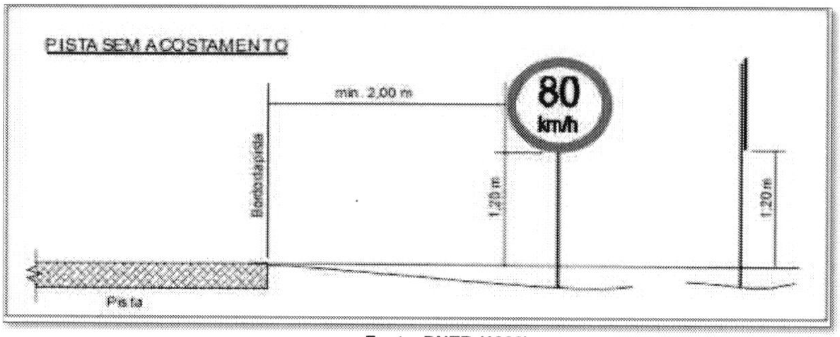

Fonte: DNER (1999).

A sinalização de regulamentação será disposta longitudinalmente a via de forma que proporcione a ideal distancia de visibilidade e interpretação, a distância de visibilidade é obtida pela soma da distância de percurso na velocidade padrão da via e a distância que vai do ponto limite de visualização até o sinal (DNER, 1999).

A disposição da sinalização está condicionada a velocidade de operação da via e a informação que está sendo transmitida, assim o campo de visibilidade do conduto possui papel importante na tomada de decisão do condutor, portanto a fixação de sinalização em aclives, declives e curvas deve obedecer às determinações existente no manual de sinalização do Denatran, o quadro 2.2 relacionará a distância de visibilidade para as velocidades padrão estabelecida.

Quadro 2.2 - Velocidade x Distância de Visibilidade.

Velocidade de operação (Km/h)	Distância mínima de visibilidade (m)
40	75
60	85
80	105
100	120
110	130

Fonte: DNER (1999).

2.1.1.3 *Sinalização de advertência*

Diferentemente da sinalização de regulamentação, a sinalização de advertência não configura uma infração, esta sinalização avisa os usuários de situações potencialmente perigosas que possam estar dispostas na via ou em sua adjacência, podendo ser uma situação permanente como, por exemplo: curvas, declives, aclives ou situações não permanentes como pedestres, ciclistas. Assim essas situações obrigam os usuários a executarem manobras ou redução de velocidade, a fim de manter a segurança viária (DENATRAN, 2007).

A sinalização de advertência possui forma quadrada com uma diagonal na vertical, suas dimensões variam de acordo com a velocidade de circulação, características da via, conforme figura 2.4 (DNER, 1999).

Figura 2.4 - Posicionamento sem Acostamento.

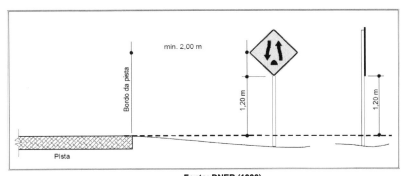

Fonte: DNER (1999).

O posicionamento longitudinal visa garantir a percepção e compreensão das advertências contidas, este posicionamento varia de acordo com a situação a qual está chamando atenção respeitando a velocidade de percurso da via e distância de visibilidade contidas no quadro 2.3 (DNER, 1999).

Quadro 2.3 - Velocidade X Distância de Visibilidade.

Velocidade de Operação (Km/h)	Distância mínima de visibilidade (m)
40	70
60	85
80	105
100	120
110	130

Fonte: DNER (1999).

2.1.1.4 *Sinalização de indicação*

A sinalização de indicação é posicionada as margens da via garantindo a visibilidade e tem por finalidade informar os usuários de distancias, localidades, sentido do trajeto utilizado, serviços que estejam sendo executados na via, contribuindo para uma viagem segura e eficiente (DNER, 1999), como exemplifica a figura 2.5.

Figura 2.5 - Posicionamento Transversal.

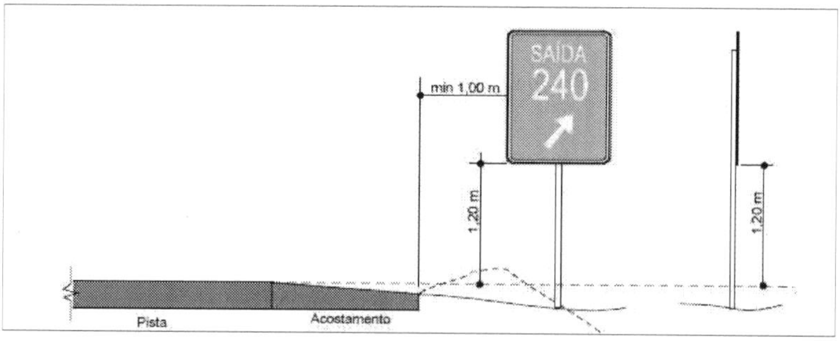

Fonte: DNER (1999).

Para o dimensionamento desta sinalização a distância de visibilidade e tão importante quanto as dimensões das letras, pois estas variam com a classificação da via que pode sem ser classificadas em, Rodovias classe I-B ou inferior que significam pista simples e operadas nas piores condições de demanda de trafego, Rodovias I-A que designam as pistas dupla com controle parcial de acesso e Rodovias classe-0 que significam pista com duas ou mais faixas de trafego e com elevado padrão técnico (DNER, 1999).

2.1.1.5 *Sinalização Horizontal*

A sinalização horizontal é implantada sobre o pavimento ou por usos de objetos, que auxiliem na sinalização vertical de advertência, regulamentação, indicação ou semafórica e. Esta sinalização apresenta menor durabilidade, entretanto mostra-se eficiente uma vez que o usuário consegue permanecer com seu campo de visão na via e melhor dirigibilidade a noite, pois a sinalização horizontal delimita o espaço da faixa de tráfego reservada ao transito (FERRAZ *et al.*, 2012).

As marcações executadas no pavimento são constituídas por um conjunto de linhas que podem sem longitudinais, transversais, diagonais, continuas ou não e que apresentam legendas variadas, estas pode indicar limites para faixa de trafego, ultrapassagens, bordos da pista, linha de dê a preferência, linha de estimulo a redução de velocidade, linhas de estacionamentos e linha de travessia de pedestre (DNER,1999)

Delimitações da pista de rolamento e orientação dos veículos são executada por linhas longitudinais, além de estabelecer manobras laterais, mudanças de faixa, manobras e ultrapassagens, as sinalizações longitudinais estão classificadas como linhas demarcadoras de tráfegos opostos (**LFO**), linhas de divisão de fluxo de mesmo sentido (**LMS**), linha de bordo (**LBO**), linha de borda de continuidade (**LCO**) e marcas longitudinais especificas (DENATRAN, 2007).

As LMS's desempenham o mesmo papel da LFO, entretanto servem para delimitar e regulamentar o fluxo de mesmo sentido, possui cor branca e subdividem-se em LMS-1 e LMS-2, onde a primeira é linha continua e a segunda é linha seccionada e desempenham papel fundamental no trânsito diminuindo os conflitos e melhorando o fluxo (DENATRAN, 2007).

Além de estabelecer o sentido de fluxo as linhas (LFO) estabelecem outras restrições e sua classificação está demonstrado na figura 2.6.

Figura 2.6 - Classificação das Linhas de Fluxo.

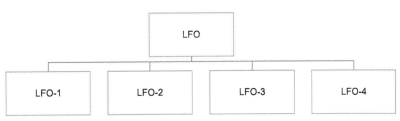

Fonte: DENATRAN (2007).

LFO-1: linha simples continua, divide o fluxo opostos de veículos delimitando o espaço para cada sentido e proíbe o deslocamento horizontais nos dois sentidos, está sinalização é utilizada em vias urbanas onde existir apenas uma faixa de trânsito por sentido ou em vias com alinhamento vertical ou horizontal irregular, onde a segurança de tráfego fica comprometida devido à dificuldade de visibilidade (DENATRAN, 2997), à figura 2.7 demostra a LFO-1.

Figura2.7 - Linha Contínua.

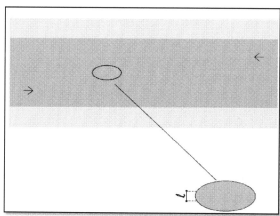

Fonte: DENATRAN (2007).

A LFO-2: linha simples seccionada - define o limite de tráfego de cada faixa além de estabelecer os locais onde a ultrapassagem e deslocamentos laterais são permitidos, está sinalização é utilizada em vias urbanas onde a velocidade de operação seja superior a 40Km/h, em vias urbanas onde a fluidez e a segurança estejam comprometidos devido o volume de tráfego, assim como em rodovia independente da largura, volume de veículos ou velocidades (DNER, 1999), a figura 2.8 demostra a LFO-2.

14

Figura 2.8 - Linha Simples Seccionada.

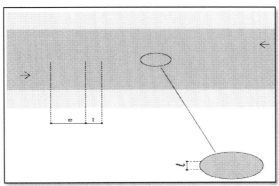

Fonte: DENATRAN (2007).

Já a LFO-3: linha dupla continua– dividi os fluxos opostos delimitando o espaço para cada sentido e regulamentando trechos em que a ultrapassagem são proibidas, exceto ao acesso de lotes lindeiros, está demarcação deve ser executada em toda extensão ou trecho de uma viacom é utilizada em vias urbanas onde houver mais de uma faixa de trânsito, em vias com traçado geométrico vertical ou horizontal irregular (DENATRAN, 2007), a figura 2.9 demonstra a execução da LFO-3.

Figura 2.9 - Linha Dupla Seccionada.

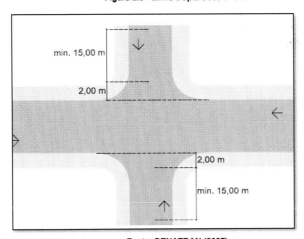

Fonte: DENATRAN (2007).

Enquanto a LFO-4: linha continua/seccionada–divide fluxos opostos estabelecendo trechos onde a ultrapassagem, deslocamento lateral ou transposição são permitidos ou proibidos, deve ser utilizada em toda via ou em trechos de vias onde o fluxo seja de duplo sentido, está demarcação confere segurança e fluidez haja vista que sua execução transmite a informação das condições favoráveis as manobras na via, estas linhas devem sempre ser utilizadas nas aproximações de túneis, pontes, viadutos sempre há 150 metros antes de qualquer obrar de arte (DENATRAN, 2007), a figura 2.10 demonstra a execução da sinalização com as distâncias a serem obedecidas.

Figura 2.10 - Linha contínua/Seccionada.

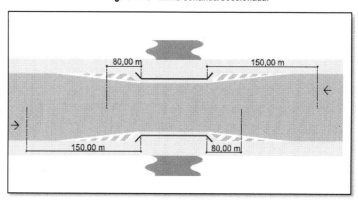

Fonte: DENATRAN (2007).

2.1.1.6 *Sinalização Semafórica.*

De acordo com Ferraz (2012) "A sinalização semafórica consiste em um conjunto de luzes que são acessas e apagadas para orientar a passagem de veículos e pedestres em cruzamentos e outros locais", a sinalização semafórica quando empregada corretamente, constitui-se um valioso instrumento para o controle, fluidez e a segurança do trafego, pois deve ser respeitada não somente a velocidade da via, mas também a composição do trafego.

A sinalização semafórica é classificada segundo a sua função, sendo de regulamentação ou advertência, a primeira estabelece o direito de passagem de vários fluxos de veículos motorizados ou não, assim como pedestres em uma interseção de via, já a segunda advertir condutores ou pedestres sobre obstáculos ou perigos na via, as combinações de forma cor e sinais integrantes da sinalização semafóricas transmitem informações especificas aos condutores e/ou pedestres (DENATRAN, 2007).

A implementação da sinalização semafórica é considerada aplicável quando há densa urbanização, descaracterização física da via, experiência de acidentes volume veicular mínimo, interrupção de tráfego e volume de pedestre mínimo, desta forma Segundo o Manual de Sinalização do DENATRAN (2007) A sinalização semafórica deve ser instalada quando as demais medidas de controle de tráfego se mostrarem insuficientes quanto a redução dos conflitos de trânsitos, acidentalidades e garantia do fluxo de pedestres.

2.2 GEOMETRIA DA VIA

As características técnicas e operacionais das vias precisam ser mantidas, neste contexto destacam-se processos como a correção preventiva periódica e conservação corretiva rotineira, não raras vezes mecanismo de pequeno porte como Remendo que visam corrigir manifestações de ruínas especificas, estas execuções buscam garantir a integridade da via (DNIT, 2006).

Outros fatores importantes quanto segurança da via diz respeito largura dos revestimentos para as diversas classes de rodovias como classe especial 7,50 m, classe I 7,00 m e classe II e II 6,00 m e 7,00 m, pista de rolamento, faixa de trânsito, greide, superelevação e abaulamento (DNIT, 2006)

A geometria da via contribui para tomada de decisão de forma errônea, ainda que o fator humano seja apontado como a principal causa das AT'S, assim as características das vias devem proporcionar boas condições de tráfego, pois reduz as falhas humanas (TAMAYO, 2010).

Um projeto consistente evita mudanças bruscas na geometria dos elementos da rodovia e otimiza o uso de elementos do projeto de forma a não proporcionar imprevistos para os motoristas, pois os motoristas aprendem subconscientemente a esperar certas condições e como reagir a elas. Inconsistências no projeto, como alinhamento da rodovia, intersecções, zonas de ultrapassagens, localização de sinais e áreas sem interferências contribuem para indecisão e erros (DNIT, 2010).

2.2.1 Velocidade de projeto

O problema da segurança viária requer uma análise abrangente em relação a velocidade de projeto, pois os critérios de dimensionamento e de operação da via são influenciados pela velocidade de operação, está velocidade deve satisfazer a expectativa para o tipo e caráter da via, pois o condutor controla sua velocidade baseando-se nas limitações físicas e de tráfego existentes (DENATRAN, 2007).

2.2.2 Alinhamento horizontal e vertical

A adoção de critérios ótimos para o alinhamento horizontal e vertical proporcionam boa dirigibilidade e segurança, além de proporcionar uma boa distância de visibilidade, entretanto, em alguns casos não é possível a adoção de raios de curvatura. Assim, há a necessidade de estudar o local para garantir condições de segurança para a implementação desse raio mínimo (DNIT, 2010).

2.2.3 Pavimentos

Os pavimentos devem possuir boa drenagem para que não diminua o atrito dos pneus com o pavimento maximizando a segurança da via, devem atender a boa dirigibilidade, estrutura forte, pouco desgaste, segurança a derrapagem. Assim esses atributos garantem a segurança viária (DNIT, 2010).

2.3 SEGURANÇA VIÁRIA

O elevado número de acidentes e consequente número de mortos e feridos em acidentes de trânsito é uma preocupação mundial. Segundo a OMS (2016) se nada for feito, até 2020 cerca de 1,9 milhões de pessoas devem morrer por ano em todo o mundo em decorrência desses acidentes de trânsito e cerca de 2,4 milhões até 2030. Nesse mesmo período estima-se que de 20 milhões a 50 milhões de pessoas sobreviverão aos acidentes a cada ano com algum trauma ou sequela.

Com o objetivo de intervir e reduzir esses números, a ONU instituiu em março de 2010 uma resolução definindo o período de 2011 a 2020 como a "Década de ações para segurança no trânsito", com base em estudos da OMS. Estes levantamentos apontam os países de média e baixa renda como os recordistas em acidentes de trânsito, deixando o Brasil como o 5º país com o maior número de acidentes.

De acordo com FERRAZ *et al.* (2012), justifica que o maior número de acidentes viários se dá nesses países em função da falta de cultura de segurança no trânsito, vias mal projetadas e sem conservação adequada, veículos velhos e sem manutenção, legislação inapropriada, fiscalização incipiente e pelo grande uso de motocicletas e veículos assemelhados.

No quadro 2.4 estão demonstrados os dados referentes aos pagamentos de indenizações às vítimas ou a dependentes das vítimas de acidentes de trânsito. De acordo com o boletim oficial da Seguradora Líder, que é a empresa responsável pelo pagamento destas indenizações no Brasil.

Quadro 2.4 - Indenizações pagas no Brasil em 2016.

Número de Indenizações pagas no período	
Natureza da indenização	Janeiro de 2016 a dezembro de 2016
Morte	33.547
Invalidez permanente	346.060
Despesas médicas	54.639
Total	534.246

Fonte: Seguradora Líder (2016).

Observando os dados expostos no quadro 2.4, é possível afirmar que os gastos com acidentes viários demandam valores elevados dos recursos de um país. Segundo o IPEA (2016) cerca de 40 milhões de reais são gastos por ano no Brasil em decorrência desse tipo de acidente. Despesas estas que vão desde o pagamento de indenizações, custos médicos, danos matérias a acompanhamento psicológico de pessoas envolvidas nessas ocorrências. Nesse sentido, a implantação de ações públicas para redução de acidentes de trânsito é de essencial importância para o desenvolvimento social e financeiro de um país.

O Brasil ampliou sua política de segurança viária com a instituição da Lei nº 9.503 de 23 de setembro de 1997, Código de Trânsito Brasileiro (CTB), onde criou o Sistema Nacional de Trânsito (SNT), aos órgãos componentes do SNT foi atribuído diversas atividades, como planejamento, administração, pesquisa, registro e licenciamento de veículos, formação, habilitação e reciclagem de condutores, educação, engenharia e operação das vias, policiamento, fiscalização e julgamento de infrações de trânsito (CTB, 1997), A figura 2.11 demonstra a hierarquia entre os órgãos componentes do SNT.

Figura 2.11 - Órgãos que compõem o Sistema Nacional de Trânsito.

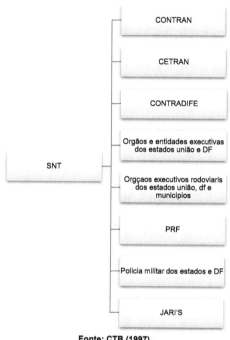

Fonte: CTB (1997).

Para (CAMPOS *et al*, 2013) a segurança do trânsito trabalha com a política dos 3 E´s, Engenharia, Educação e Esforço Legal como linhas para mitigar e prevenir a acidentalidade viária.

2.4 MEDIDAS PARA UM TRÂNSITO RACIONAL

2.4.1 Engenharia

A contribuição da engenharia de tráfego e engenharia de trânsito relacionado a segurança viária são ações como, projeto de novas rodovias e vias expressas com ênfase na segurança, utilização de medidas que visem reduzir a velocidade como estreitamento de vias, manutenção das vias, melhoramento da sinalização existente e contribuir com estudos técnicos que orientem a gestão sobre a implementação de dispositivos de fiscalização como a utilização de dispositivos eletrônicos (FERRAZ *et al.*, 2012).

A Engenharia automotiva atua no aperfeiçoamento dos veículos, sistemas de freios, absorção de impactos, sistemas de segurança, entre outras. Já a Engenharia Eletrônica atua no desenvolvimento de equipamentos e sistemas automatizados que atuam em veículos e controles de trânsito sem a interferência humana (FERRAZ *et al.*, 2012).

2.4.2 Educação

A educação no trânsito consiste na conscientização de todos os envolvidos no sistema de trânsito, na preparação de novos condutores e de usuários que possam se deslocar a pé ou por meio de bicicletas, com o intuito de se ter um trânsito com maior fluidez, comodidade e segurança. Para (FERRAZ *et al.*, 2012) uma medida efetiva seria a inclusão de disciplinas de educação no trânsito (teórico e prático) nos currículos escolares, bem como aperfeiçoamento nos programas de formação de condutores.

A obrigatoriedade da instituição da educação para a segurança no trânsito esta descrita no art. 23, XII, do CTB estabelecendo que é competência comum da União, Estados, Distrito Federal e Municípios estabelecer e implantar a política de educação para a segurança do trânsito.

2.4.3 Esforço legal

As medidas do esforço legal dividem-se em três áreas: legislação, gestão legal (administração, fiscalização e punição) e documentação de acidentes. A legislação compreende todo o ordenamento jurídico voltado para o trânsito. No Brasil tem-se a legislação desde a carta magna (CF, 88) e CTB a resoluções do Conselho Nacional de Trânsito (CONTRAN) e portarias do Departamento Nacional de Trânsito (DENATRAN). Sendo que para a legislação tornar-se efetiva há a necessidade de atualizações de acordo com as mudanças sociais, e proposições de estudos e pesquisas na área.

A gestão legal visa inibir o desrespeito à legislação de trânsito através da punição dos infratores. Cabendo a administração, por exemplo, a instalação de placas de sinalização, devendo ser feito fiscalizações rotineiras para evitar o cometimento de infrações, caso ocorra tal transgressão a multa de trânsito entra como punição, não com a finalidade de angariar receitas, mas sim de punir o infrator para que não o faça novamente (FERRAZ., 2012).

A documentação de acidentes entra como parâmetro essencial para a instalação de medidas mitigadoras e de prevenção de acidentes de trânsito. No Brasil é comum a utilização apenas de boletins de ocorrência das polícias e de órgãos de trânsito como documentação de acidentes. Sem informações completas e ineficientes, acabam quase sempre se tornando ineficientes para sua finalidade. Diante da sua importância esse tópico será tratado em um parágrafo único mais adiante.

2.5 ACIDENTES DE TRÂNSITO

A Associação Brasileira de Normas Técnicas, através da NBR 10.697/1989 define acidente de trânsito como "todo evento não premeditado de que resulte dano no veículo ou na sua carga e/ou lesões em pessoas e/ou animais, em que pelo menos uma parte está em movimento nas vias terrestres ou abertas, abertas ao público".

Segundo FERRAZ (2012), a classificação utilizada no Brasil pela polícia militar quanto a gravidade dos acidentes e elaboração da estatística apresenta três categorias de acidentes: sem vítimas (apenas danos materiais), com vítimas não fatais (feridos) e com vítimas fatais (mortos), entretanto para figurar como acidente fatal o óbito deve ser presenciado no local ou até o fechamento do boletim, não sendo contabilizado quando a morte ocorre no hospital ou outro local, outra classificação diz respeito ao estado da vítima sendo, fatal: quando a vítima falece em decorrência dos ferimentos no local do acidente, grave: quando a vítima sofre lesões graves que necessitam de tratamento prolongado, leve: quando a vítima sofre ferimentos leves em geral superficiais e ileso quando a vítima não sofre qualquer tipo de ferimento.

Gold (1998 *apud* SALVADOR, 2009) afirma que acidente de trânsito pode ser definido como evento independente da vontade do homem, causado por uma força externa, alheia, que atua subitamente e deixa ferimentos no corpo e na mente, envolvendo ao menos um veículo que circula, normalmente por uma via para trânsito de veículos, podendo o veículo ser motorizado ou não.

Já (CAMPOS *et al*, 2013.) conceitua acidente de trânsito como um evento envolvendo um ou mais veículos, motorizados ou não, em movimento por uma via, que provoca ferimentos em pessoas e/ou danos físicos em veículos e/ou objetos de outra natureza (poste, muro, edificação, sinais de trânsito, propaganda comercial e etc.)

Diante da quase que total imprevisibilidade dos acidentes de trânsito e dos diversos fatores que podem causá-los, o estudo e definição de ações que possam evitá-los ou mitigá-los acaba tornando-se complexo. Portando, devem-se conhecer cada uma dessas variáveis para que se possa intervir de forma eficaz e com o menor custo possível.

2.5.1 . Principais fatores contribuintes

Os acidentes de trânsito podem acontecer principalmente devido a quatro fatores: humano, veicular, viário e ambiental.

Em relação ao fator humano, a educação, o comportamento, o conhecimento da legislação, bem como as condições físicas e psicológicas do condutor podem ser considerados os principais intervenientes. As condições físicas que mais podem atrapalhar o condutor são: o sono a fadiga o uso de álcool e substâncias estimulantes. A distração e a tensão nervosa são consideradas fatores psicológicos (SANTOS, 2006).

Segundo o IPEA, (2016), o fator humano é responsável pela maioria dos acidentes de trânsito. No entanto, para TAMAYO (2010) é notável a tendência a considerar aspectos ligados ao fator humano como únicos responsáveis pelas ocorrências no trânsito, sem levar em conta elementos relacionados com a via e com o veículo que podem potencializar o fator humano.

Para SANTOS (2006), o fator veicular também possui grande importância na ocorrência de acidentes de trânsito, que engloba as condições de conservação dos veículos, podendo ser verificados, por exemplo, através de revisões nos freios, faróis, pneus, setas e outros componentes mecânicos. Além dessas, pode-se citar a falta de equipamentos de segurança, tais como cintos de segurança, e uso de capacetes por motociclistas.

Do mesmo modo, o fator viário possui grande influência nos acidentes de trânsito, SANTOS (2006) afirma que, esse fator está relacionado principalmente à largura da via, a declividade, as condições do pavimento, a inexistência de sinalizações verticais e horizontais, a visibilidade, o escoamento de águas pluviais, a iluminação, a regulamentação e tipo de fluxo.

O fator ambiental é o mais difícil de ser controlado e ajustado, pois sempre estão ligados a desastres ambientais que quase sempre estão fora do domínio do homem. Para SANTOS (2006) o fator ambiental está associado principalmente à incidência de raios solares, chuvas fortes, neblina ou fumaça, que podem atrapalhar a visão dos condutores e pedestres.

Além desses quatro principais fatores elencados, SANTOS (2006) cita ainda, fatores relacionados ao uso e ocupação do solo que pode contribuir para fazer crescer o número de acidentes de trânsito, através do aumento no volume de veículos e pessoas que procuram centros comerciais movimentados.

2.5.2 Tipos de acidentes

A ABNT através da NBR 10697/1989 classifica e conceitua os principais tipos de acidentes, a figura 2.12 demonstra através de ilustrações esses principais tipos.

• Colisão frontal: trata-se da colisão entres dois veículos em movimento na mesma direção e em sentidos opostos;

• Colisão transversal: aquela entre dois veículos em direções aproximadamente perpendiculares;

• Colisão traseira: corresponde à colisão entre dois veículos na mesma direção e sentido;

• Colisão lateral: define-se como a colisão entre dois veículos, havendo o contato na parte lateral, na mesma direção, no mesmo sentido ou em sentidos opostos;

• Choque: é o acidente entre um veículo em movimento e um obstáculo parado, tais como veículo estacionado, poste, árvore, muro, gradil, defensa e etc.;

• Atropelamento: tipo de acidente no qual um pedestre ou animal é atingido por um veículo em movimento (motorizado ou não-motorizado);

• Tombamento: caracterizado por envolver um só veículo, em que um dos lados do veículo fica em contato com o chão, ao final do acidente;

• Capotagem: qualquer acidente em que o teto do veículo fica em contato com o chão ao menos uma vez, durante o acidente;

• Engavetamento: definido como a colisão entre três ou mais veículos, em uma mesma direção em um mesmo sentido ou em sentido contrários, com um veículo atrás do outro, podendo ser por colisão traseira, podendo incluir colisões frontais;

• Combinação: trata-se da união de dois ou mais tipos de acidentes já descritos anteriormente;

Figura 2.12 - Tipos de Acidentes

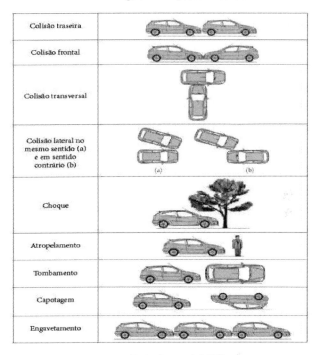

Colisão traseira	
Colisão frontal	
Colisão transversal	
Colisão lateral no mesmo sentido (a) e em sentido contrário (b)	
Choque	
Atropelamento	
Tombamento	
Capotagem	
Engavetamento	

Fonte: Ferraz et al, 2012.

2.6 DOCUMENTAÇÃO DE ACIDENTES

De acordo com Santos (2006 apud MANTOVANE, 2003) para que haja uma redução dos acidentes de trânsito é necessário um profundo conhecimento de suas causas para assim se tomar medidas mitigadoras ou erradicá-los, sendo que a coleta e o gerenciamento das informações disponíveis sobre os acidentes de trânsito são de suma importância para se obter esse fim.

Já Ferraz *et al.* (2012) afirmam que a precisão das informações no Boletim de acidentalidade de trânsito (Boat) é condição importante para determinar os fatores contribuintes para os acidentes, para que assim possam ser implementadas ações que reduzam a acidentalidade no trânsito.

A falta ou falhas na documentação de acidentes pode influenciar diretamente na implementação de medidas preventivas ou corretivas. Na maioria dos estados esse banco de dados é instituído pela polícia militar, através de seus boletins de ocorrência, e como essa não é a atividade fim desta corporação pode conter erros ou distorções nos dados.

No ano de 2000, o DENATRAN publicou a "Instrução Básica de Estatística no Trânsito" com o fim de capacitação de participantes para a efetiva implantação do Sistema Nacional de Estatística de trânsito (SINET), esta instrução enfatiza a importância do uso da estatística de acidentes de trânsito.

A resolução 206/208 do CONTRAN instituiu o Registro Nacional de Acidentes e Estatísticas de Trânsito - RENAEST, sob a coordenação do Departamento Nacional de Trânsito - DENATRAN, integrado pelos órgãos e entidades do Sistema Nacional de Trânsito – SNT. Vindo a substituir o SINET, no entanto continuou a prevalecer tal instrução publicada pelo DENETRAN quando da existência do SINET, a figura 2.10 demonstra a forma como os dados são analisados e sua destinação final.

Figura 2.13 - Destinação Final da Coleta de Dados

Fonte: Manual **SINET (2000).**

CAPITULO 3 - METODOLOGIA

O presente trabalho foi elaborado seguindo as etapas descritas na figura 3.1, de forma a seguir as orientações obtidas com o embasamento teórico nas etapas de discursão sobre o assunto, visando garantir a maior confiabilidade na obtenção dos resultados.

Figura 3.1 - Metodologia do Trabalho

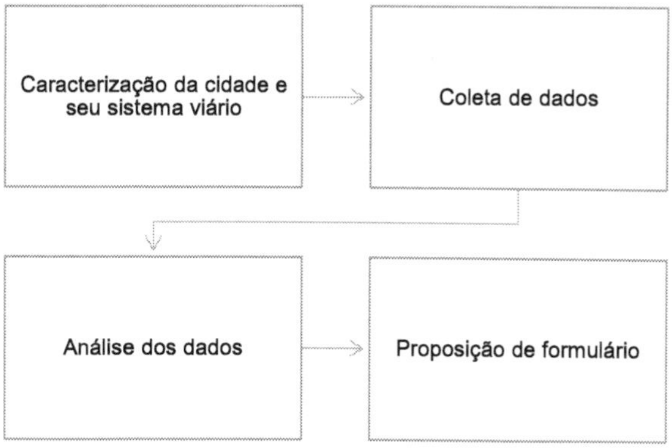

Fonte: - Elaborado pelos Autores, 2018.

3.1 CARACTERIZAÇÃO DA CIDADE E DO SISTEMA VIÁRIO

A primeira etapa do estudo consistiu na realização de um minucioso levantamento bibliográfico, com o intuito de estabelecer e compreender a problemática da pesquisa. Tendo sido utilizado para isso trabalhos acadêmicos (teses e dissertações), bem como leis, resoluções, fontes estatais e livros especializados na área, em que todos estão com seus devidos créditos e inseridos no referencial bibliográfico da pesquisa.

Através da pesquisa bibliográfica foram descobertos vários estudos tratando da segurança viária e da utilização de banco de dados de acidentes como parâmetro balizador para estudo de casos e proposição de soluções. Podendo ser citado como exemplo Tamayo (2010), que em sua Tese de Doutorado apresentado a Universidade Federal do Rio de Janeiro estudou e elaborou seu trabalho sobre "Procedimentos para a avaliação e análise da segurança de tráfego em vias expressas urbanas".

Podendo ser citado ainda, os trabalhos acadêmicos de SALVADOR (2009) que tratou em sua Dissertação de mestrado sobre a análise dos tipos de acidentes de trânsito em rodovias, levantando um estudo de caso sobre a Rodovia BR-101 em Santa Catarina. Já CAMPOS (2014) em sua Dissertação fala sobre a mortalidade de crianças de 0 a 14 anos em acidentes viários no Brasil, afirmando em sua conclusão que para reduzir a acidentalidade é necessário desenvolver ações voltadas para os 3 Es.

Com levantamento bibliográfico também foi possível o encontro com a legislação brasileira referente ao trânsito e suas regulamentações, que trás leis, portarias e regulamentações para que o trânsito flua de forma cômoda, eficaz e segura. Sendo as mais importantes a CF/88 e o CTB.

A partir dos estudos da bibliografia e de visitas *in loco* em diversos pontos do município de Tucuruí – PA foi possível fazer uma caracterização superficial da cidade e da sua malha viária, identificando aspectos ligados à sua população, espaço físico, principais ruas e avenidas, veículos com maior número, condições das vias e sinalizações existentes. Estes tópicos serão tratados de forma minuciosa no Capítulo 4 do presente trabalho.

3.2 COLETA DE DADOS

A fase de coleta de dados foi realizada a partir da solicitação por meio de ofício institucional, endereçado ao Diretor da Companhia de Trânsito e Transporte Urbano de Tucuruí (CTTUC) solicitando informações acerca do registro de acidentes, bem como acesso ao banco de dados deste órgão.

Foi constatado junto a CTTUC que havia apenas os registros e estatísticas referentes ao ano de 2016 e meados do mês de maio de 2017. Diante da disponibilidade do órgão foi delimitado o período de estudo e cedido por aquela instituição, toda o registro de acidentes da cidade de Tucuruí-PA do período de 01 de janeiro de 2016 a 31 de dezembro de 2016 em mídia digital e em formato impresso, foi cedido ainda, um modelo dos formulários que é preenchido pelos agentes de trânsito em casos de acidentes (anexo I), afim de serem avaliados quanto a sua efetividade e atendimento à legislação vigente.

Foram realizadas visitas a outros órgãos de segurança pública do município de Tucuruí, quartéis do 13° Batalhão de Policia Militar do Pará, e 8° Grupamento de Bombeiro Militar do Pará, bem como à sede administrativa do SAMU para verificar se estes órgãos possuem alguma forma de registro de acidentes e banco de dados atualizados com informações que podem auxiliar na implementação de medidas para a segurança no transito.

3.3 ANÁLISE DOS DADOS

Após as fases anteriores, foi feito o desmembramento dos dados necessários para suas análises, sendo observados pontos como:

- Quantitativo, qualidade e eficiência dos dados coletados;
- Análise quanto à necessidade de adequação dos formulários atuais de registros de acidentes de transito;
- Verificação se há o cruzamento de dados com as demais instituições públicas do município, Policia Militar (PM), Departamento de Trânsito (DETRAN), Unidade de Pronto (UPA), Hospital Regional de Tucuruí (HRT), Bombeiro Militar (BM), Serviço de Atendimento Móvel de Urgência (SAMU).

3.3.1 Quantitativo, qualidade e eficiência das informações coletadas

Foram analisados os dados coletados em cada ficha de acidentes, observando os campos conforme anexo I, verificando se há ou não a presença de informações suficientes para caracterizar tanto os locais de acidentes como as vítimas destes, bem como conseguir subsídios para a implantação de medidas preventivas e corretivas, para erradicar ou minimizar os acidentes nos principais locais de conflitos e com os maiores índices de acidentes.

Seguiram-se as instruções contidas no manual de Instrução Básica para Estatística no Trânsito do DENATRAN, que estabelece elementos mínimos a serem analisados: localização, momento do acidente, características do acidente, características do condutor, características do veículo, características da via. Além desses quesitos foi observada a existência de registros que detalhem e que favoreçam a localização e os principais motivos de acidentes de trânsito.

Nessa etapa foi feito ainda, uma comparação critica entre a ficha utilizada pelos agentes da CTTUC para registrarem os acidentes e o manual de Instrução Básica para Estatística no Trânsito do DENATRAN, sendo verificado se o formulário municipal atende o mínimo exigido pelo órgão de trânsito nacional.

3.3.2 Análise quanto à necessidade de adequação dos formulários atuais

Em 1975 Luis Ribeiro Soares em seu livro "Engenharia de Tráfego" já preconizava a importância do registro de um banco de dados uniformizado, condensando de melhor forma possível todos os dados necessários a elaboração de uma estatística geral, que deve conter seis principais elementos, tipos de acidentes, circunstancias, vítimas, pedestre, veículo e motorista.

Diante da relevância de uma correta e completa coleta de dados foi feito a proposição de um novo formulário que atenda as necessidades de registro dos acidentes de trânsito, dando ênfase a aspectos ligados a via, ao condutor e ao veículo para que seja criado um banco de dados e uma documentação de acidentes confiável que possa ser utilizado de maneira eficaz na resolução de conflitos de trânsito, reduzindo esse tipo de acidentes, preservando vidas e diminuindo o gasto público para essa finalidade. O formulário sugerido encontra-se no APÊNDICE I.

3.3.3 Verificação se há o cruzamento de dados com os demais órgãos.

Durante a análise dos dados adquiridos junto a CTTUC foi constatado não haver cruzamento de dados com nenhum outro órgão do município. Logo em seguida foi feito visitas aos órgãos já citados, para tomar conhecimento sobre suas formas de registro de acidentes de trânsito. Caso esses órgãos possuam alguma forma de registro fazer a verificação da viabilidade de mesclar esses dados com os já coletados da CTTUC.

3.4 PROPOSIÇÃO DE FORMULÁRIO A SER ADOTADO

Vale ressaltar que de acordo com legislação vigente compete ao município a coleta dos dados e a implantação de medidas para garantir a segurança no trânsito, diferente de alguma cidade em que a PM além do seu papel constitucional atende as ocorrências ligadas ao trânsito, assim esse órgão trabalha como fiscalizador e garantidor da segurança no trânsito.

Como já citado, obstante a insuficiência de dados coletados pelo órgão de trânsito municipal foi elaborada um minucioso modelo de ficha para sê-la utilizado pelos agentes no registro dos acidentes de trânsito para que se tenha excelência na sua finalidade. Para isso foi utilizado como base o formulário em uso, fazendo adaptações e acréscimos nos seus campos de preenchimento observando todas as normatizações do DENATRAN.

Foram acrescentados outros campos a serem preenchidos, principalmente aqueles referentes às especificações e pontuando com exatidão os locais da ocorrência dos sinistros de trânsito, de forma a adicionar mecanismos ligados à sinalização, cruzamentos, condição psíquica (aparente) do condutor, condições da via e etc.

CAPITULO 4 - CARACTERIZAÇÃO DA CIDADE DE TUCURUÍ-PA

Neste capítulo será feito a caracterização da cidade de Tucuruí – PA, sua localização espacial, população, malha viária urbana e frota de veículo automotor.

4.1 CARACTERIZAÇÃO DA CIDADE DE TUCURUÍ - PA

Tucuruí é um município brasileiro do estado do Pará, localizado na microrregião de Tucuruí e mesorregião sudeste paraense. Possuí a maior Usina Hidrelétrica genuinamente brasileira em operação, em que esta é maior fonte de captação de recursos do município, que conta ainda com outras fontes de renda, como: pesca, comércio, turismo e pecuária. As figuras 4.1 e 4.2 mostram a vista superior e o centro da cidade respectivamente.

FIGURA 4.1 - Vista superior da Área Urbana de Tucuruí.

Fonte: Adaptado de Google Earth, 2018.

Figura 4.2 - Centro Comercial de Tucuruí.

Fonte- Prefeitura Municipal de Tucuruí.

A cada ano a cidade em estudo apresenta um elevado crescimento demográfico, como demonstrado no Gráfico 4.1, de forma a aglomerar-se no perímetro urbano da cidade, aumentando a concentração populacional e criando periferias, embora esse crescimento tenha a tendência a se proliferar para áreas afastadas do centro da cidade, este acaba sendo o destino de visitas ou passagens da maioria da população, tendo em vista a alta concentração de polos geradores de tráfego nessa região.

Gráfico 4.1 - Crescimento populacional (2010 - 2017).

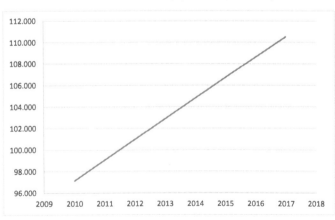

Fonte: IBGE (2017).

Não obstante ao cenário nacional, a cidade vem apresentando um crescimento ainda mais acelerado na sua frota de veículos automotor, como exposto no Gráfico 4.2.

Gráfico 4.2 - Crescimento da frota de veículos.

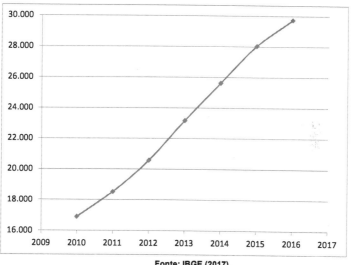

Fonte: IBGE (2017).

De acordo com o Gráfico 4.1, de 2010 até 2016 houve um crescimento populacional estimado de 12,10% da população, enquanto o crescimento da frota de veículos nesse mesmo período foi de 75,95% (Gráfico 4.2). Partindo desses dados fica evidente a necessidade de o poder público implementar ações para melhorar a mobilidade urbana.

Atualmente o município em estudo conta com várias instituições públicas que dão suporte para a população em diversas áreas, dentre elas o 13° Batalhão de Polícia Militar, 8° Grupamento de Bombeiros Militar, uma sede do SAMU, uma UPA, Hospital Regional, sede administrativa do DETRAN (sem fins de fiscalização de trânsito), e um órgão municipal de trânsito CTTUC. Além de estar se situado como um pólo educacional, contando com diversas instituições de ensino técnico e superior, públicas e privadas, fato que atrai pessoas de todas as cidades da região aumentando ainda mais o "inchaço" populacional.

4.2   CARACTERIZAÇÃO DO TRÂNSITO DE TUCURUÍ

A cidade de Tucuruí conta com 30 bairros e estes formam a malha rodoviária da cidade, somado a isso existem várias ilhas e vilas que complementam o fluxo do trânsito atual. O modal predominante é o rodoviário, pois faz a ligação entre Tucuruí com outras cidades como: Brasília, Belém, Cametá, Marabá entre outras, entretanto existe a possibilidade de utilização do modal hidroviário que pode contribuem para o deslocamento das pessoas e mercadorias.

Com o aumento gradual da população a configuração espacial da cidade está em constante modificação, assim o trânsito vem recebendo novas vias e demandas por sinalização, pavimentação entre outras melhorias necessárias ao bem-estar social, estas modificações não raras vezes criam pontos geradores de tráfegos como shoppings, hospitais colégios entre outros.

Para organização do trânsito da cidade foi criada (CTTUC), este órgão está responsável pela organização do trânsito da cidade, atuando com agentes de trânsitos e viaturas. Além dos agentes de trânsito são empregados outros meios para diminuir os pontos críticos, os principais são: semáforos, sinalização horizontal e vertical, lombadas e rotatórias.

A cidade é cortada pela rodovia BR 422, que além de ser a principal via de acesso a zona urbana da cidade, passa pelo centro comercial, fazendo a ligação com diversos outros municípios. Essa é uma importante via para a chegada e saída de mercadorias da cidade, o que acaba dificultando ainda mais a situação do tráfego no centro da cidade.

De acordo com o Plano Diretor vigente do município de Tucuruí o sistema viário da cidade apresenta configurações radiocêntricas, tendo como referência a Praça do Rotary no centro da cidade para onde convergem as principais vias da cidade. Apesar de não haver uma hierarquização bem definida entre vias é possível classificá-las em vias principais e vias secundárias.

Destacando-se como vias principais as Avenidas Lauro Sodré, Veridiano Cardoso, 31 de Março e 7 de Setembro nas quais possuem um maior volume de tráfego e ligam os bairros periféricos ao centro da cidade. Nos cruzamentos entre essas vias há a presença de sinalizações horizontal, vertical e semafórica, a fim de reduzir os pontos de conflitos nesses locais.

Como vias secundárias destacam-se as Avenidas Tancredo Neves, Alcobaça, Minas Gerais, Nivea de Souza dos Anjos (Perimetral) e Brasília, Rua Santo Antônio e Estrada do Porto da Balsa. Ainda segundo o plano diretor essas avenidas e ruas citadas formam um semi-anel viário em torno do núcleo central da cidade permitindo ligações transversais entre os diversos bairros da cidade.

CAPÍTULO 5 - APRESENTAÇÃO E ANÁLISE DOS RESULTADOS

5.1 ANÁLISE DA ACIDENTALIDADE

De acordo com os dados coletados o município de Tucuruí registrou no ano de 2016 um total de 286 acidentes de trânsito com 577 pessoas envolvidas direta ou indiretamente nesses sinistros, contando que 392 (68%) dessas pessoas saíram sem ferimentos, 182 (32%) sofreram algum tipo de escoriações, lesão ou traumatismo sendo que destas houveram 2 vítimas fatais. Conforme o gráfico 5.1. Analisando esses dados tem-se um acidente para cada 387 pessoas, e aproximadamente um acidente para cada 100 veículos.

Em se tratando de números de acidentes e feridos no trânsito, essas estatísticas podem ser bem maiores, pois de acordo com o próprio órgão municipal de trânsito esses casos são subnotificados, existindo casos que não chegam ao conhecimento deste. Foi enfatizado que o atual horário de funcionamento da CTTUC é das 06 horas as 00 hora sete dias por semana, ou seja, nesses horários ociosos não há a atuação do órgão, tão pouco o atendimento e registro dos acidentes.

Gráfico 5.1 - Situação dos Envolvidos em Acidentes de Trânsito.

Fonte: CTTUC (2016).

Quanto ao gênero, a pesquisa revelou uma grande disparidade no qual o número de acidentados do sexo masculino chega a 80% do total de vítimas (Tabela 5.1), contudo no material coletado não foi possível identificar informações que justificasse tamanho envolvimento de homens em acidentes de trânsito.

Tabela 5.1 - Número de Vítimas por Gênero

Gênero	Número de pessoas	%
Masculino	459	80
Feminino	110	19
Não informado (NI)	8	1
Total	577	100

Fonte: CTTUC, (2016).

Ao se fazer os levantamentos acerca dos veículos envolvidos em acidentes verificou – se que, em sua grande maioria houve o envolvimento de motocicletas, que vai desde colisão com outros veículos e colisão com objetos estáticos a quedas do condutor. Os tipos de veículos envolvidos, bem como seu respectivo percentual de acontecimentos estão elencados no gráfico 5.2. Nesse quesito não foi possível constatar informações que ajudassem a identificar o possível causador dos acidentes

Gráfico 5.2 - Veículos envolvidos em acidentes.

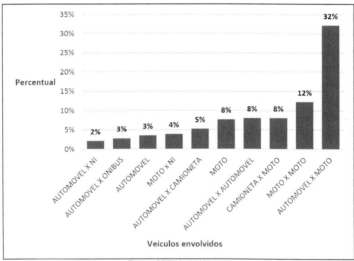

Fonte: CTTUC (2016).

O gráfico 5.3 apresenta os principais horários de acontecimentos de AT's, tendo como pico máximo o horário compreendido entre 11 horas e 11 horas 59 minutos, onde ocorreram 31 acidentes, seguido do intervalo de 10 horas a 10 horas e 59 minutos com 26 acidentes. Há uma grande importância na correta temporização desses acidentes para a implantação de medidos pontuais com o intuito de reduzi-los.

Gráfico 5.3 - horário de ocorrência de AT´s X número de AT´s

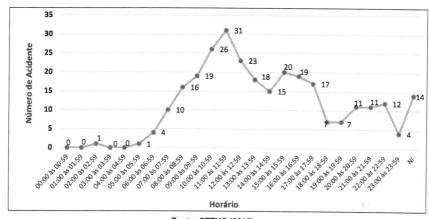

Fonte: CTTUC (2016).

Assim como os horários, foi feito o levantamento do quantitativo de AT`s por dias da semana, em que houve uma distribuição quase que regular dos dias de ocorrência destes, apenas se destacando a Sexta-feira com 62 acidentes, correspondendo a 22% do total. Pode-se verificar com exatidão na Tabela 5.2 o percentual correspondente a cada dia da semana

Tabela 5.2 - Dias da semana X percentual de AT´s

Dia do Acidente	Qtd	%
DOMINGO	33	12%
SEGUNDA	34	12%
TERÇA	40	14%
QUARTA	34	12%
QUINTA	42	15%
SEXTA	62	22%
SABADO	37	13%
NÃO INFORMADO	4	1%
Total	286	100%

Fonte: CTTUC (2016).

Quanto ao local de acidente, constatou-se que as ruas com maior incidência de AT´s são aquelas que fazem ligação dos bairros periféricos com o centro comercial da cidade, concentrando em quatro avenidas 37% do total de AT´s. Conforme demonstra, Gráfico 5.4. Sendo ilustrado na Figura 5.1 a localização das AV. com mais registros de AT´s..

Gráfico 5.4 - Ruas, Avenidas e BR com maior registro de AT´s

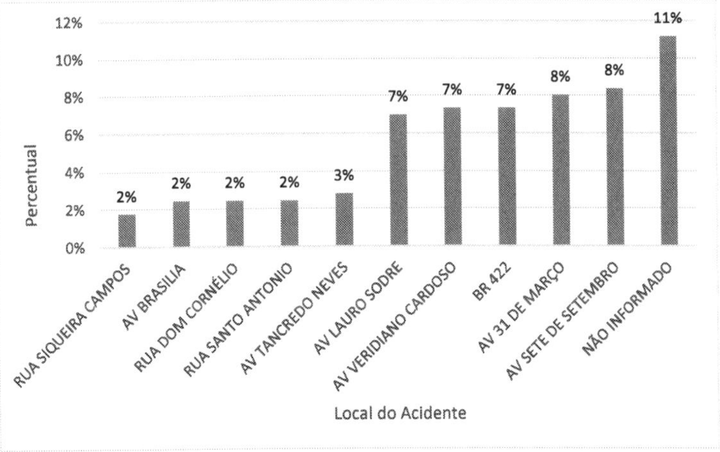

Fonte: CTTUC, (2016).

Figura 5.1 - Vias com os Maiores índices de acidentes.

Fonte: Adaptado de Google Earth

Os 63% restantes dos locais de acidentes estão distribuídos entres as demais ruas e avenidas do perímetro urbano da cidade. Vale ressaltar que 31% dos AT´s não possuem qualquer informação a sobre seu local de ocorrência, vide Quadro 5.1.

Quadro 5.1 - Distribuição espacial dos AT'S nas ruas de Tucuruí

Local do acidente	Qtd	%
NÃO INFORMADO	31	10,8
AV SETE DE SETEMBRO	24	8,4
AV 31 DE MARÇO	25	8,7
AV VERIDIANO CARDOSO	21	7,4
BR 422	21	7,4
AV LAURO SODRE	20	7
AV TANCREDO NEVES	8	2,8
AV BRASILIA	7	2,4
RUA DOM CORNÉLIO	7	2,4
RUA SANTO ANTONIO	7	2,4
RUA SIQUEIRA CAMPOS	6	2,1
AV PERIMETRAL	4	1,4
RUA J	4	1,4
AV PIONEIRA	3	1
RUA ASSIS DE VASCONCELOS	3	1
RUA B	3	1
RUA MARANHAO	3	1
RUA SÃO JOAO	3	1
AV ADENILDO VIEIRA	2	0,7
AV ALCOBAÇA	2	0,7
PA 263	2	0,7
RUA AMAZONAS	2	0,7
RUA C	2	0,7
RUA E	2	0,7
RUA GARCIA LIANO	2	0,7
RUA JOAO XXIII	2	0,7
RUA PEDRO VIGIA	2	0,7
PRAÇA DO ROTARY	2	0,7
RUA JOSE NEVES TORRES	2	0,7
RUA MICHEL DIB TACHY	2	0,7
DEMAIS RUAS DA CIDADE	62	22
Total	286	100%

Fonte: CTTUC (2016).

5.2 PRINCIPAIS DEFICIÊNCIAS ENCONTRADAS NO BANCO DE DADOS

Um dos principais pontos observados foi a falta de precisão nos registros dos locais de AT´s, pois quando estes são registrados tem-se elencados apenas as ruas, onde na maioria das vezes não há apontamento do bairro de ocorrência, 53% dos casos não possuem essa informação, tão pouco de pontos de referências que possam possibilitar que seja localizado com exatidão os pontos críticos nas vias do município.

Similarmente não existem registros acerca da presença de dispositivos de regulamentação do trânsito (sinalizações, faixas de pedestres, lombadas e etc). Pode se citar ainda a inexistência de informações relativas às condições das vias, não havendo referências a cruzamentos, intersecções, condições do pavimento, presença de calçadas e etc.

Diante do exposto fica impossível identificar os possíveis motivos causadores dos AT´s, dificultando o planejamento e a execução de medidas para reduzir os locais com maior incidência desses acidentes no município, ficando essas deliberações condicionadas apenas ao critério de julgamento dos envolvidos no planejamento do trânsito, sem observar qualquer critério técnico ou acontecimento do dia-a-dia.

No que se refere às vítimas ficou impossível estabelecer um dado estatístico sobre as faixas etárias destas, bem como fornece um percentual dos AT´s com o envolvimento de condutores sem Carteira Nacional de Habilitação (CNH) ou Permissão para Dirigir, pois esses itens foram omitidos no momento da coleta por parte dos agentes de trânsito. Vale ressaltar que essas informações são essências aos demais órgãos de segurança pública e Poder Judiciário na tomada de decisões sobre planejamento de operações para coibir de forma direta e indireta esses crimes e infrações de trânsito.

No decorrer das análises ficou evidente que o horário ocioso sem o funcionamento da CTTUC que compreende o horário entre as 00 hora às 6 horas da manhã impediu o atendimento de ocorrências e a consequente coleta de informações. Aliado a isso, a falta de cruzamento de dados com outros órgãos do município contribuiu para omissão de informações, subnotificação de AT´s e falta de registro de informações essências em uma documentação de acidentes eficiente para a finalidade a que se destina.

5.3 ANÁLISES DO FORMULÁRIO AUFERIDO JUNTO CTTUC

De acordo com FERRAZ, (2012) a caracterização espacial dos acidentes está diretamente relacionada à precisão com que estas informações foram coletadas pela autoridade de segurança, em vias urbanas o modo mais simples de identificação é a nomenclatura da via onde ocorreram os acidentes e suas interseções ou vias próximas.

Para a investigação em campo de possíveis causas de um acidente, a análise feita pelo técnico deve ser conduzida nas condições predominantes em que ocorreu o acidente (simulação), no entanto para utilização da documentação de acidentes na resolução de conflitos de trânsito é necessário um sólido e confiável banco de dados. Nessa etapa será feito uma análise crítica sobre o formulário utilizado atualmente e o proposto pelos autores.

5.3.1 Das vítimas de AT´s

A Figura 5.2 mostra a configuração atual do formulário em uso em que na sua totalidade se repete três vezes, contendo campos a serem preenchidos com o nome do condutor e passageiro, houve também a preocupação do idealizador em deixar campos referentes a endereço do condutor, documentos pessoais, condições de saúde, sexo e idade dos envolvidos, bem como se há ou não a influência de álcool nas vítimas. Embora esse fragmento aproxime-se do ideal, foi verificado que muitos campos deixaram de ser preenchidos no momento da coleta de informações, dificultando ou distorcendo o perfil dos envolvidos nos AT´s.

Figura 5.2 - Formulário Utilizado (envolvidos)

Local do Acidente:			
CONDUTOR: I – Nome:			
Nº RG:	Nº CPF:	Nº CNH	Categoria:
Marca/ Modelo do Veículo:		Placa:	Cor:
Nº Chassi:			
Endereço:		Bairro:	Fone:
Houve Vítimas: Sim ( ) Não ( ) Ferido ( )		Fatal ( )	Idade:
O condutor apresentou indícios de embriaguez: Sim ( )	Não ( )		Sexo: M ( ) F ( )
PASSAGEIRO – NOME:		RG: Idade:	Sexo: M ( ) F ( )
Houve Vítimas: Sim ( ) Não ( ) Ferido ( )		Fatal ( )	Idade:

Fonte: CTTUC (2016).

O correto preenchimento desse boletim de ocorrência é se suma importância para identificar as vítimas dos AT´s e assinalar pontos referentes ao condutor, que podem ter provocado o acidente, servindo ainda para subsidiar decisões das autoridades municipais sobre a implantação de campanhas educativas e repressivas sobre a segurança no trânsito.

Na Figura 5.3 está o fragmento proposto para melhoria na coleta dos dados, no quesito envolvidos, apenas sendo adicionados campos de preenchimento caso haja o envolvimento de pedestres ou ciclistas nos acidentes, os campos referentes ao local do acidente serão abordados a seguir.

Figura 5.3 - Formulário Proposto (envolvidos).

Local do Acidente: *Bairro* *Rua* *Ponto de referência*			
CONDUTOR: I – Nome:			
Nº RG:	Nº CPF:	Nº CNH	Categoria:
Situação: Não lesionado ( ) Ferido ( )		Fatal ( ) idade:	
O condutor apresentou indícios de embriaguez:		Sim ( ) Não ( )	Sexo: M ( ) F ( )
Marca/ Modelo do Veículo:		Placa:	Cor:
Nº Chassi:			
Endereço:		Bairro:	Fone:
PASSAGEIRO – NOME:		RG: Idade:	Sexo: M ( ) F ( )
Situação: Não lesionado ( ) Ferido ( )		Fatal ( )	

Fonte: Produzido pelos autores (2018).

Faz-se necessário observar na Fig. 5.3 que houve uma complementação nas informações a serem catalogadas, agora haverá espaços para registro dos nomes das ruas, bairros e pontos de referências.

5.3.2 Dos locais de AT´s

Como já abordado durante todo o trabalho é de suma importância a correta e completa coleta de dados, principalmente no quesito relacionado a "locais de acidentes", pois será a partir daí que será possível o levantamento das possíveis causas de acidentes e variáveis envolvidas, resolvendo assim um problema pontual, reduzindo os altos gastos com danos matérias e com vítimas de acidentes de trânsito, resultando em uma melhor qualidade de vida. Na figura 5.4 estão expostos os campos atualmente utilizados pela CTTUC para registro dessas eventualidades.

Figura 5.4 - Formulário Utilizado (local)

Abalroamento ( ) Tombada/Capotagem ( ) Choque ( ) Atropelamento ( )				Outros ( )
Local de Encaminhamento da Vítima: ( ) UPA ( ) REGIONAL				
Órgão recebedor do veículo do acidente: CIRETRAN ( ) CTTUC ( ) Delegacia ( )				Nenhum ( )
Assinatura do recebedor:				
Houve Acordo entre os condutores: Sim ( ) Não ( )				
OBS:				
Condutor: I		Condutor: II		

Fonte: CTTUC (2016).

De acordo com a figura 5.4 é notório que os dados registrados sobre os locais de acidentes são insuficientes para implantar uma documentação de acidentes, pois não há o mínimo de registro sobre as condições em que acorreram os AT´s, atualmente são catalogados apenas o tipo de acidentes e são deixados de assinalar informações importantes. Por mais que o agente de trânsito tenha boa fé e queira registrar fica impossibilitado, pois não existem campos suficientes para isso, acentuando a importância do um formulário ideal. As figuras 5.5 e 5.6 demonstram esse segmento do formulário proposto pelos autores.

Figura 5.5 - Formulário Proposto (local) 1° Parte

1 acidentes	4 Condições do tempo
☐ com vítimas ☐ sem vítimas	☐ seco ☐ chuvoso ☐ claro ☐ escuro ☐ neblina
2 condições de sinalização	5 Condições do pavimento
semáforo ☐sim ☐ não	☐ seco ☐ molhado ☐ com óleo ☐ obras ☐ danificada
grafia horizontal ☐sim ☐não	6 Tipo de acidente
grafia vertical ☐sim ☐ não	☐ atropelamento pedestre ☐ colisão transversal
3 Ações dos pedestres	☐ atropelamento vertical ☐ colisão traseira
☐ atravessa na faixa	☐ tombamento ☐ colisão lateral
☐atravessar fira da faixa	☐ choque ☐ outros
☐ estava na calçada	

Fonte: Produzido pelos autores (2018).

Figura 5.6 - Formulário proposto (local) 2ª Parte.

8) Manobra do veículo I	Manobra do veículo II	Manobra do veículo III
☐ virou à direita	☐ virou à direita	☐ virou à direita
☐virou à esquerda	☐virou à esquerda	☐virou à esquerda
☐retornou	☐retornou	☐retornou
☐cruzou o fluxo	☐cruzou o fluxo	☐cruzou o fluxo
☐convergência	☐convergência	☐convergência
☐divergência	☐divergência	☐divergência
☐ultrapassou	☐ ultrapassou	☐ultrapassou
☐seguiu em frente	☐seguiu em frente	☐seguiu em frente
☐marcha a ré	☐marcha a ré	☐marcha a ré
☐ partiu subitamente	☐ partiu subitamente	☐ partiu subitamente
☐estac. fora da pista	☐estac. fora da pista	☐estac. fora da pista
☐ estac.na pista	☐ estac.na pista	☐ estac.na pista
☐outros	☐outros	☐outros
uso de cinto ☐ sim ☐ não	uso de cinto ☐ sim ☐ não	uso de cinto ☐ sim ☐ não
uso de capacete ☐ sim ☐não	uso de capacete ☐ sim ☐não	uso de capacete ☐ sim ☐não

Fonte: Produzido pelos autores (2018).

Foram adicionados oito campos com respostas fechadas, no entanto na parte inferior do formulário haverá espaços para informações complementares e croqui a serem preenchidos, para que seja possível identificar com exatidão os locais de acidentes e levantar hipóteses sobre os motivos de suas ocorrências.

Foi incluído ainda, um espaço para registro das providências legais que foram tomadas, como por exemplo, os locais de encaminhamento das vítimas e do (s) veículo (s) e se houve acordo entre os envolvidos, afim se subsidiar as autoridades sobre a solução dada a cada conflito no trânsito. Conforme Figura 5.7.

Figura 5.7 - Registro de Informações Locais.

Local de Encaminhamento da Vítima: ( ) UPA ( ) REGIONAL		
Órgão recebedor do veículo do acidente: CIRETRAN ( ) CTTUC ( ) Delegacia ( ) Nenhum ( )		
Assinatura do recebedor:		
Houve Acordo entre os condutores: Sim ( ) Não ( )		
OBS:		
Condutor: I		Condutor: II

Fonte: Produzido pelos autores (2018).

Por fim, mas não menos importante há o fechamento da coleta de dados com a identificação do agente de trânsito responsável pelo atendimento da ocorrência e com a indicação exata de dia e horário do fato, bem como espaços para que sejam arroladas duas testemunhas do ocorrido. Conforme demonstra a Figura 5.8.

Figura 5.8 - Dados Legais

DADOS GERAIS DA COLISÃO	
Data do acidente ___/___/___ Hora:___	TESTEMUNHA I:___
Agente___	TESTEMUNHA II:___

Fonte: CTTUC (2016).

A partir da observância e correto preenchimento de todo o relatório recomendado será possível ter no município de Tucuruí uma base de dados sólida e confiável, consequentemente será viabilizado a elaboração da documentação de acidentes ideal para os estudos da acidentalidade, possibilitando a implantação de medidas para conscientização dos usuários, planejamento estratégico, melhorias das vias e sinalizações, reduzindo assim os índices de acidentes no município.

5.4   MELHORAMENTO DO FORMULÁRIO

As alterações propostas no formulário como detalhamento do local do acidente, sinalização existente, condição da via, condições ambientais e características dos envolvidos, estes dados aliados ao croqui do local possibilitará um conjunto de informações que possa ser trabalhado usando métodos estatísticos, afim de garantir a real contribuição de cada fator na acidentalidade, uma vez que tratamentos estáticos necessitam de dados confiáveis assim como um campo amostral definido.

Com os campos adicionais inseridos neste formulário os agentes de trânsito terão uma poderosa ferramenta que aliada ao treinamento e profissionalismo destes proporcionarão a criação da documentação de acidentes do município, de forma a propiciar sua utilização na resolução dos conflitos de trânsito.

Além deste ponto a comunidade acadêmica poderá fazer uso do banco de dados que será organizado, desta forma pesquisas futuras poderão fazer seu uso para tratamento estatístico dos dados e com precisão desenvolver trabalhos acadêmicos e identificar pontos críticos da malha viária de Tucuruí.

CAPÍTULO 6 – CONCLUSÕES E SUGESTÕES PARA TRABALHOS FUTUROS

6.1 - CONCLUSÕES

Não obstante a isso, a cidade de Tucuruí – PA não apresenta uma documentação de acidentes, há apenas um vago banco de dados contento poucas estatísticas e informações sobre os AT´s, não sendo possível fazer a localização exata dos pontos de acidentes, tão pouco levantar hipóteses sobre suas causas. Foi observado que a principal causa da ineficiência citada se inicia na coleta de dados nos locais da ocorrência, pois são utilizadas fichas incompletas para preenchimento, sem todos os campos necessários para uma eficiente catalogação. Aliado a isso o período ocioso em que não há o funcionamento da CTTUC contribui de forma significativa para a falha nas informações contidas no banco de dados do município.

No ano de 2016, em Tucuruí, foram registrados 286 acidentes de trânsito, com um total de 586 vítimas, sendo duas fatais. A maior incidência de vítimas foi do sexo masculino com um percentual de 80%. Na grande maioria há o envolvimento de motocicletas nesses sinistros, uma vez que sua frota é superior à de outros veículos tendo em vista seu custo de aquisição ser menor. É possível enfatizar ainda, que as vias mais perigosas são as Avenidas Sete de Setembro, 31 de Março, Veridiano Cardoso e Lauro Sodré, que concentram 37% dos acidentes de trânsito.

Vale ressaltar que não há o cruzamento de dados entre os órgãos públicos que possam vir a atender as ocorrências de trânsito, este fator possui influência na subnotificação de casos, pois em algumas situações qualquer outro órgão pode atender as ocorrências de AT´s e não dar ciência a CTTUC.

Esse estudo pode instigar as autoridades do município a implantarem uma documentação de acidentes para auxiliá-los na gestão municipal do trânsito, pois para isso o custo financeiro se assemelha a zero e suas vantagens são inestimáveis.

A documentação de acidentes é indispensável para a avaliação crítica das vítimas e locais de acidentes, a fim de auxiliar na proposição de medidas para reduzir os conflitos do tráfego, principalmente urbano, diminuindo assim o número de acidentes e vítimas. Consequentemente minimizando as perdas de vidas, e gastos públicos decorrentes desses sinistros. A coleta e o registro dos dados em campo é o primeiro passo para a implantação de uma documentação de acidentes eficiente, pois estes serão representados detalhadamente no relatório final.

6.2 - SUGESTÕES PARA TRABALHOS FUTUROS

— Implantar novos estudos sobre a viabilidade técnica e financeira da utilização de um sistema integrado de registro de acidentes, onde seria feito o cruzamento dos dados referentes aos AT's de todos os órgãos que compreendem o sistema de segurança pública do município gerando um relatório único e eficaz;

— Outra proposição importante é a elaboração de estudos que possam fazer uma comparação atual da cidade de Tucuruí – PA (referente ao registro de acidentes) com alguma cidade que possua uma documentação de acidentes consistente, verificando-se seus pontos positivos e negativos;

— Recomenda-se ainda elaboração de estudos voltados a normatização das sinalizações viária existentes na cidade, fazendo uma comparação entre a situação existente e os diversos manuais, resoluções e CTB, pois a falta ou o uso inadequado destas podem ocasionar transtornos e prejuízos aos usuários e responsabilidade objetiva para a administração pública.

47

CAPÍTULO 7 - BIBLIOGRAFIA

BRASIL, DENATRAN. **Introdução Básica de Estatística no Trânsito**: Documentação Publicada pelo DENATRAN, 2000. Disponível em: <https://www.vias-seguras.com/content/download/2005/.../Instrução%20basica%20SINET.pdf>. Acesso em: 09 jan. 2018.

BRASIL, DENATRAN. Resolução N° 561, de 15 de outubro de 2015. **Manual Brasileiro de Fiscalização de Trânsito, Volume II**, Brasília, DF, p. 01-17, out. 2017.

BRASIL, CONTRAN. Resolução N° 208, de 26 de outubro de 2006. **Bases para a organização e funcionamento do Registro Nacional de Acidentes e Estatísticas de Trânsito, Volume II**, Brasília, DF, out. 2006

BRASIL, DNER. Diretoria de Desenvolvimento Tecnológico, Divisão de Capacitação Tecnológica. **Manual de sinalização Rodoviária**, Rio de Janeiro, RJ, p. 01-364, set. 1998.

BRASIL. Lei N° 9.503, de 23 de setembro de 1997. **Código de Trânsito Brasileiro**, Brasília, DF, p. 01-87, set. 1997.

BRASIL, DENATRAN. Ministério das Cidades. **Guia Básico para Gestão Municipal de Trânsito**. 1ª. ed. Rio de Janeiro, RJ: 2016, 2016. 55 p.

CAMPOS, C. I. Mortalidade de crianças de 0 a 14 anos em decorrência de acidentes de trânsito no Brasil. Dissertação (Mestrado em Engenharia Urbana), - Programa de Pós Graduação da Universidade Federal de São Carlos., São Carlos, 2014.

CAMPOS, Cintia Isabel; RAIA JR, Archemedes Azevedo. Politicas Públicas de Segurança Viária para o transporte de crianças: O caso barsileiro. In: XIII Safety, Health and Environment World Congress, 2013, Porto, PORTUGAL.

FERRAZ, C. et al. Segurança Viária. São Paulo: Suprema Gráfica e editora, 2012.

INSTITUTO BRASILEIRO DE GEOGRAFIA E ESTATÍSTICA, . Estimativa populacional para o município de Tucuruí - PA . Disponível em: <https://cidades.ibge.gov.br/>. Acesso em: 17 out. 2017.

FERRAZ. Segurança viária. São Paulo: Suprema, 2004.

INSTITUTO BRASILEIRO DE GEOGRAFIA E ESTATÍSTICA, . Estimativa da frota de veículos para o município de Tucuruí - PA . Disponível em: <https://cidades.ibge.gov.br/>. Acesso em: 17 out. 2017.

INSTITUTO DE PESQUISA ECONOMICA APLICADA. Morte por Acidente de Transporte Terrestre no Brasil: Analise do Sistema de Informação do Ministério da Saúde. Texto para Discursão N° 2212. Rio de Janeiro, 2016.

INSTITUTO DE PESQUISA ECONOMICA APLICADA. Desafios da Mobilidade Urbana no Brasil. Texto para Discursão N° 2198. Rio de Janeiro, 2016.

INSTITUTO DE PESQUISA ECONOMICA APLICADA. Mobilidade Urbana Sustentável: Conceito, Tendências e Reflexões. Texto para Discursão N° 2194. Rio de Janeiro, 2016.

METRÓPOLES, O. Estado da Motorização Individual no Brasil. Universidade Federal do Rio de Janeiro. Instituto de Pesquisa e Planejamento Urbano e Regional. Rio de Janeiro, p. 26. 2015.

ORGANIZAÇÃO MUNDIAL DA SAÚDE, Organização Pan-Americana da Saúde. Informe sobre a Segurança no Trânsito na Região das Américas. Washington, EUA. 2015.

SANTOS, Luciano. Análise dos Acidentes de Trânsito no Município de São Carlos Utilizando Sistema de Informações Geográficas - SIG e Ferramentas de Estatística Espacial . 2006. 137 f. Dissertação (Mestrado em Engenharia Urbana) - Programa de Pós Graduação em Engenharia Urbana, Universidade Federal de São Carlos, São Carlos, 2006.

SALVADOR, Daniel Meira. Análise dos Tipos de Acidentes de Trânsito em Rodovias: Estudo de Caso na Rodovia BR-101 em Santa Catarina . 2009. 2001 f. Dissertação (Mestrado em Engenharia Civil)- Programa de Pós Graduação em Engenharia Civil, Universidade Federal de Santa Catarina, Santa Catarina, 2009.

SOARES, L. R. Engenharia de Tráfego. Rio de Janeiro: Almeida Neves, LTDA, 1975.

TAMAYO, A. S. Procedimentos para avaliação e análise da segurança de tráfego em vias expressas urbanas. [S.l.]: Tese de Doutorado (Doutorado em Engenharia de Transportes) - Programa de pós Graduação em Engenharia dos Transportes COPPE, Universidade Federal do Rio de Janeiro, Rio de Janeiro, 2010.

TUCURUÍ. Lei Municipal n. 7.145, de 29 de dez. de 2006. Aprova e institui o plano diretor do município de Tucuruí e dá outras providências. TUCURUÍ – PA, 2006. Legislação municipal

ASSOCIAÇÂO BRASILEIRA DE NORMAS TÉCNICAS, NBR10697. Pesquisa de acidente de trânsito : Segurança Viária. 1ª. ed. [S.l.: s.n.], 1989. 10 p. v. 1.

ORGANIZAÇÃO MUNDIAL DA SAÚDE, Acidentes de trânsito nas estradas Brasileiras, São Paulo, 2015.

ORGANIZAÇÃO MUNDIAL DA SAÚDE, Números de veículos em países desenvolvidos, São Paulo, 2013.

**ANEXO A – FORMULÁRIO UTILIZADO PELA COMPANHIA
DE TRÂNSITO DE TUCURUÍ**

Estado do Pará
Município de Tucuruí
Companhia de Trânsito e Transporte Urbano de Tucuruí
DEPARTAMENTO DE FISCALIZAÇÃO
FICHA DE ACIDENTES DE TRÂNSITO

Local do Acidente:

CONDUTOR: I – Nome:

Nº RG:	Nº CPF:	Nº CNH	Categoria:
Marca/ Modelo do Veículo:		Placa:	Cor:

Nº Chassi:

Endereço:	Bairro:	Fone:

Houve Vítimas: Sim ( )   Não ( )   Ferido ( )   Fatal ( )   Idade:

O condutor apresentou indícios de embriaguez: Sim ( )   Não ( )   Sexo: M ( )   F ( )

PASSAGEIRO – NOME: RG: Idade: Sexo: M ( )   F ( )

Houve Vítimas: Sim ( )   Não ( )   Ferido ( )   Fatal ( )   Idade:

CONDUTOR: II - Nome:

Nº RG:	Nº CPF:	Nº CNH	Categoria
Marca/ Modelo do Veículo:		Placa:	Cor:

Nº Chassi:

Endereço: Bairro: Fone:

Houve Vítimas: Sim ( )   Não ( )   Ferido ( )   Fatal ( )   Idade:

O condutor apresentou indícios de embriaguez: Sim ( )   Não ( )   Sexo: M ( )   F ( )

PASSAGEIRO – NOME: RG   Idade: Sexo: M ( )   F ( )

Houve Vítimas   Sim ( )   Não ( )   Ferido ( )   Fatal ( )   Idade:

CONDUTOR: III - Nome:

Nº RG:	Nº CPF	Nº CNH	Categoria
Marca/ Modelo do Veículo:		Placa:	Cor:

Nº Chassi:

Endereço: Bairro: Fone:

Houve Vítimas: Sim ( )   Não ( )   Ferido ( )   Fatal ( )   Idade:

O condutor apresentou indícios de embriaguez: Sim ( )   Não ( )   Sexo: M ( )   F ( )

PASSAGEIRO – NOME: RG: Idade: Sexo: M ( )   F ( )

PEDESTRE: RG: CPF: Idade:

Endereço: Nº   Bairro   Fone:

Houve Vítimas: Sim ( )   Não ( )   Ferido ( )   Fatal ( )   Idade:

O condutor apresentou indícios de embriaguez: Sim ( )   Não ( )   Sexo: M ( )   F ( )

CICLISTA: RG: CPF: Idade:

Endereço: Nº   Bairro: Fone:

Houve Vítimas: Sim ( )   Não ( )   Ferido ( )   Fatal ( )   Idade:

O condutor apresentou indícios de embriaguez: Sim ( )   Não ( )   Sexo: M ( )   F ( )

DADOS GERAIS DA COLISÃO

Abalroamento ( )   Tombada/Capotagem ( )   Choque ( )   Atropelamento ( )   Outros ( )

Local de Encaminhamento da Vítima: ( ) UPA   ( ) REGIONAL

Orgão recebedor do veículo do acidente: CIRETRAN ( )   CTTUC ( )   Delegacia ( )   Nenhum ( )

Assinatura do recebedor:

Houve Acordo entre os condutores: Sim ( )   Não ( )

OBS:

Condutor: I	Condutor: II

Data do Acidente ___/___/___ Hora:_____

Agente_____   TESTEMUNHAS:_____

Inspetor Responsável: _____

APÊNDICE A – FORMULÁRIO PROPOSTO PARA REGISTRO DOS ACIDENTES DE TRÂNSITO

Local do Acidente:

Bairro:

Rua:

Ponto de referencia:

CONDUTOR: I – Nome:				
Nº RG:	Nº CPF:	Nº CNH		Categoria:
Situação: Não lesionado ( ) Ferido ( )		Fatal ( )	Idade:	
O condutor apresentou indícios de embriaguez:		Sim ( ) Não ( )		Sexo: M ( ) F ( )
Marca/ Modelo do Veículo:		Placa:		Cor:
Nº Chassi:				
Endereço:		Bairro:	Fone:	
PASSAGEIRO – NOME:		RG:	Idade:	Sexo: M ( ) F ( )
Situação: Não lesionado ( ) Ferido ( )		Fatal ( )		

CONDUTOR: II – Nome:				
Nº RG:	Nº CPF:	Nº CNH		Categoria:
Situação: Não lesionado ( ) Ferido ( )		Fatal ( )	Idade:	
O condutor apresentou indícios de embriaguez:		Sim ( ) Não ( )		Sexo: M ( ) F ( )
Marca/ Modelo do Veículo:		Placa:		Cor:
Nº Chassi:				
Endereço:		Bairro:	Fone:	
PASSAGEIRO – NOME:		RG	Idade:	Sexo: M ( ) F ( )
Situação: Não lesionado ( ) Ferido ( )		Fatal ( )		

CONDUTOR: III – Nome:				
Nº RG:	Nº CPF	Nº CNH		Categoria:
Situação: Não lesionado ( ) Ferido ( )		Fatal ( )	Idade:	
O condutor apresentou indícios de embriaguez:		Sim ( ) Não ( )		Sexo: M ( ) F ( )
Marca/ Modelo do Veículo:		Placa:		Cor:
Nº Chassi:				
Endereço:		Bairro:	Fone:	
PASSAGEIRO – NOME:		RG	Idade:	Sexo: M ( ) F ( )
PEDESTRE:		RG:	CPF:	Idade:
Endereço:	Nº	Bairro	Fone:	
Situação Não lesionado ( ) Ferido ( )		Fatal ( )	Idade:	
CICLISTA:		RG:	CPF:	Idade:
Endereço:	Nº	Bairro:	Fone:	

1 acidentes
☐ com vítimas ☐ sem vítimas

2 condições de sinalização
semáforo ☐ sim ☐ não
grafia horizontal ☐ sim ☐ não
grafia vertical ☐ sim ☐ não

3 Ações dos pedestres
☐ atravessa na faixa
☐ atravessar fira da faixa
☐ estava na calçada

4 Condições do tempo
☐ seco ☐ chuvoso ☐ claro ☐ escuro ☐ neblina

5 Condições do pavimento
☐ seco ☐ molhado ☐ com óleo ☐ obras ☐ danificada

6 Tipo de acidente
☐ atropelamento pedestre ☐ colisão transversal
☐ atropelamento vertical ☐ colisão traseira
☐ tombamento ☐ colisão lateral
☐ choque ☐ outros

7 Tipo de veículo I
☐ caminhonete
☐ caminhão
☐ ônibus
☐ microônibus
☐ motocicleta
☐ caminhoneta
☐ utilitário
☐ bicicleta
☐ outros

Tipo de veículo II
☐ caminhonete
☐ caminhão
☐ ônibus
☐ microônibus
☐ motocicleta
☐ caminhoneta
☐ utilitário
☐ bicicleta
☐ outros

Tipo de veículo III
☐ caminhonete
☐ caminhão
☐ ônibus
☐ microônibus
☐ motocicleta
☐ caminhoneta
☐ utilitário
☐ bicicleta
☐ outros

8) Manobra do veículo I	Manobra do veículo II	Manobra do veículo III
☐ virou à direita	☐ virou à direita	☐ virou à direita
☐ virou à esquerda	☐ virou à esquerda	☐ virou à esquerda
☐ retornou	☐ retornou	☐ retornou
☐ cruzou o fluxo	☐ cruzou o fluxo	☐ cruzou o fluxo
☐ convergência	☐ convergência	☐ convergência
☐ divergência	☐ divergência	☐ divergência
☐ ultrapassou	☐ ultrapassou	☐ ultrapassou
☐ seguiu em frente	☐ seguiu em frente	☐ seguiu em frente
☐ marcha a ré	☐ marcha a ré	☐ marcha a ré
☐ partiu subitamente	☐ partiu subitamente	☐ partiu subitamente
☐ estac. fora da pista	☐ estac. fora da pista	☐ estac. fora da pista
☐ estac.na pista	☐ estac.na pista	☐ estac.na pista
☐ outros	☐ outros	☐ outros

uso de cinto ☐ sim ☐ não	uso de cinto ☐ sim ☐ não	uso de cinto ☐ sim ☐ não
uso de capacete ☐ sim ☐ não	uso de capacete ☐ sim ☐ não	uso de capacete ☐ sim ☐ não

Croqui
Nome das ruas, direção posição e demais observações importantes.

Local de Encaminhamento da Vítima: ( ) UPA ( ) REGIONAL

Órgão recebedor do veículo do acidente: CIRETRAN ( ) CTTUC ( ) Delegacia ( ) Nenhum ( )

Assinatura do recebedor:

Houve Acordo entre os condutores: Sim ( ) Não ( )

OBS:

Condutor: I   Condutor: II

DADOS GERAIS DA COLISÃO
Data do acidente _____ / _____ / _____ Hora: _____ TESTEMUNHA I: _____
Agente _____ TESTEMUNHA II: _____

Printed in Great Britain
by Amazon

86135505R00045